세상 예쁜
수세미

코바늘로 뜨는

세상 예쁜 수세미

지은이 김원·문주희·지니아
펴낸이 정규도
펴낸곳 황금시간

초판 1쇄 발행 2019년 10월 25일
초판 5쇄 발행 2024년 2월 15일

편집 신소연 권명희
디자인 ALL designgroup
사진 이현구
도안 일러스트 정영경

황금시간
Golden Time

주소 경기도 파주시 문발로 211
전화 (02)736-2031(내선 291~296)
팩스 (02)732-2037
인스타그램 @goldentimebook

출판등록 제406-2007-00002호
공급처 (주)다락원
구입문의 전화 (02)736-2031(내선 250~252)
       팩스 (02)732-2037

ISBN 979-11-87100-78-2 13590

http://www.darakwon.co.kr
• 다락원 홈페이지를 통해 주문하시면 자세한 정보와 함께 다양한 혜택을 받으실 수 있습니다.
• 기타 문의사항은 황금시간 편집부로 연락 주십시오.

코바늘로 뜨는

세상 예쁜 수세미

김원·문주희·지니아 지음

황금시간

× 머리말 ×

평소 남는 시간에 짬짬이 수세미를 뜨곤 했어요.
그렇게 모아놓은 수세미에 리본 끈을 달아 선물하니 받는 사람도
주는 사람도 실용적이고 부담이 없어 좋았어요.
편하게 뜰 수 있는 심플한 디자인의 수세미를 한 코씩
차분히 따라 만들어 선물도 하고, 주방도 꾸며보세요.

-김원-

즐겁게 일하다 보니 손뜨개를 시작한 지 어느새 10년이 훌쩍 지났습니다.
주방일은 즐겁기도 하지만 버거울 때도 있지요. 주방에 있는 시간이 조금이나마 더
즐거워질 수 있도록 예쁘고 실용적인 수세미를 준비했어요. 만드는 시간부터
사용하는 시간까지 행복하길 바랍니다.

-문주희-

뜨개질은 바쁘고 지친 일상 속에서 나에게 주는
달콤한 휴식 같은 존재예요. 힘든 일이 있을 때도 바늘을 잡고 한 코 한 코 뜨다 보면
어느새 마음이 차분해지는 마법 같은 매력에 뜨개 놀이를 멈출 수 없었어요.
이 책은 내 손으로 직접 멋진 작품을 완성하는 행복을 여러분과 함께 나누고자 준비했어요.
한 땀 한 땀 손끝에서 피어난 예쁜 꽃 수세미로 미소가 지어지는
일상의 소소한 즐거움을 느껴 보길 바랍니다.

-지니아-

contents

프롤로그

WHALE

TUBE

DOUNUTS

RUGBY BALL

POLAR BEAR

PART 01

심플
디자인

Simple design

designed by 김원

이번 장에서는
심플한 디자인의 수세미를 소개합니다.
단순하지만 쓸수록 매력 있는
수세미 작품을 만나보세요.

01

선인장 수세미

How to make ● p.104

싱크대 안 오아시스를 찾아온 선인장 수세미랍니다.
취향에 따라 작은 꽃을 달아도 좋아요.

나뭇잎 수세미

How to make ● **p.106**

주방을 민트의 싱그러움으로 꾸밀 수 있는
자연을 닮은 나뭇잎 수세미랍니다.

03

튜브 수세미

How to make ● **p.108**

몽실몽실한 세제 거품을 타고 다니는 튜브 수세미입니다.

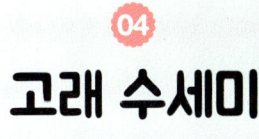

고래 수세미

How to make ● p.110

'뿌' 하고 내뿜는 물줄기가 앙증맞은 고래 수세미입니다.

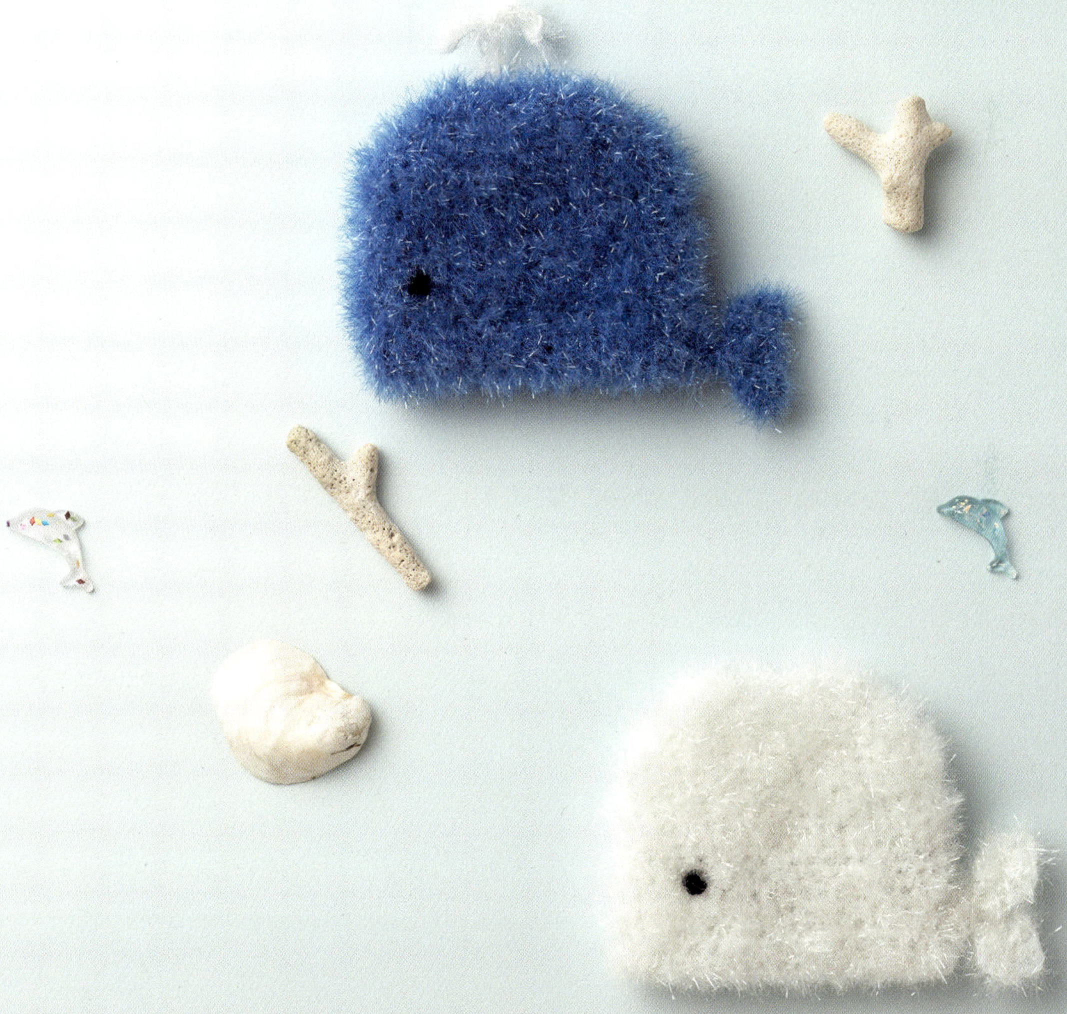

체크 수세미

How to make ● p.112

흰색과 브라운의 조화가 차분한 느낌을 주는
체크 무늬 수세미입니다.

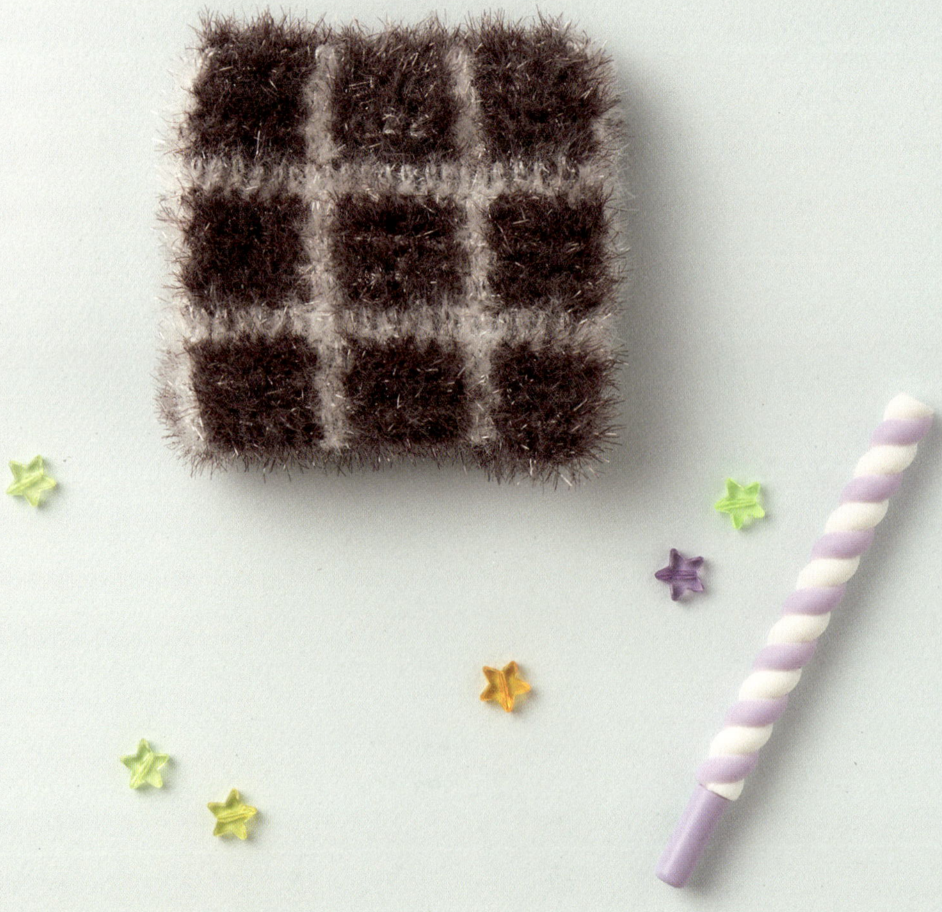

버블 필드 도넛 수세미

How to make ● p.114

'먹지 마세요. 그릇에 양보하세요.'
보기만 해도 달콤한 도넛 수세미입니다.

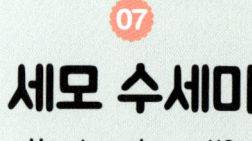

세모 수세미

How to make ● **p.116**

아기자기한 컬러와 단순한 모양이 귀여운 세모 수세미입니다.
간단히 만들 수 있어 색색별로 떠 놓았다가 선물하기에도 좋아요.

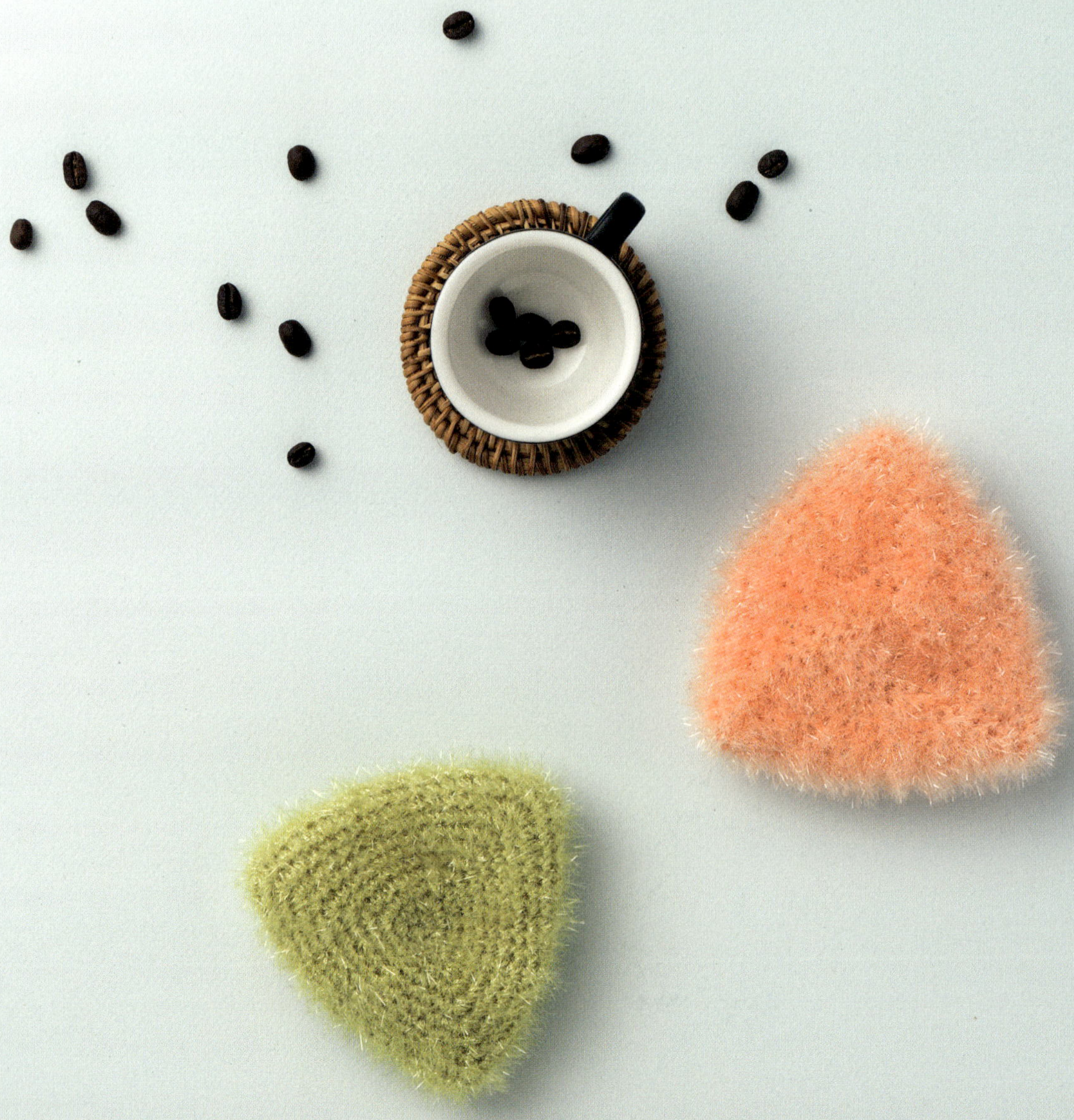

작은 별 수세미

How to make ● p.118

반짝반짝 작은 별 수세미가
집안의 그릇들도 반짝거릴 수 있게 도와줄 거예요.

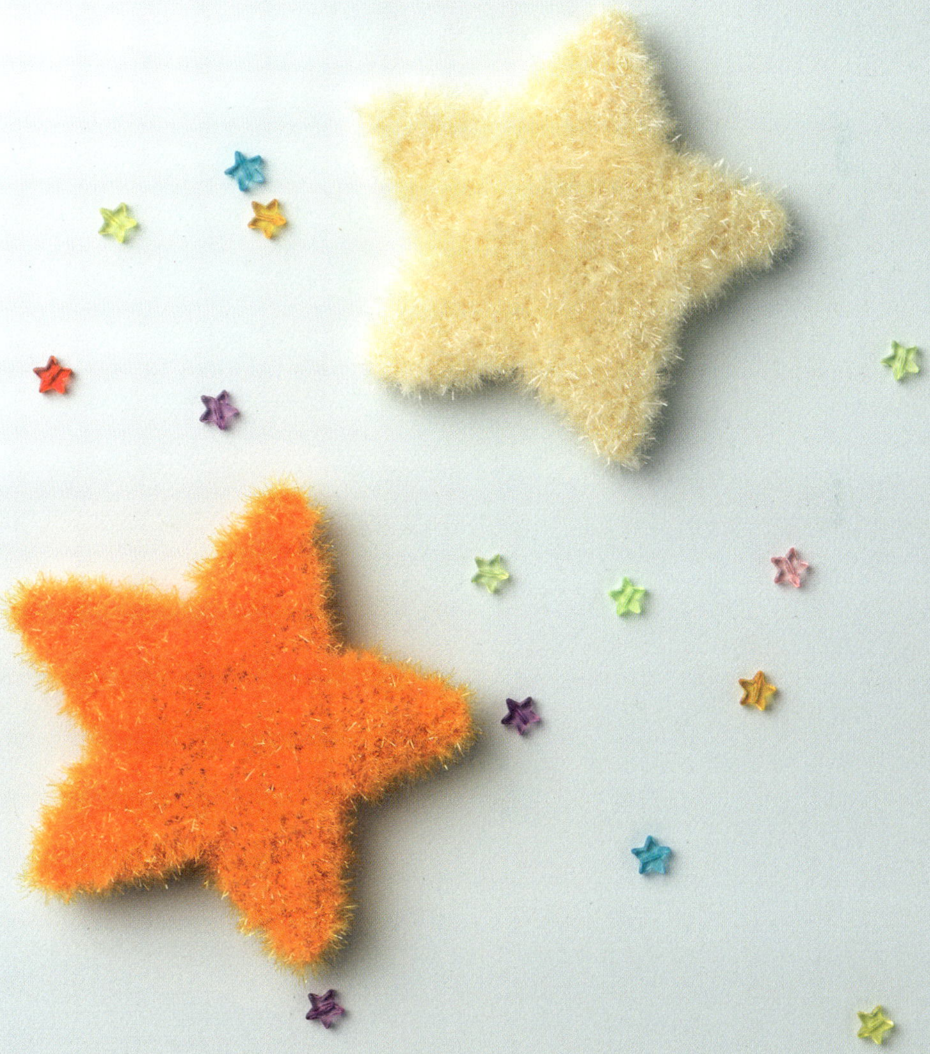

스트라이프 수세미

How to make ● p.120

두 줄 혹은 세 줄, 원하는 대로 스트라이프 무늬를 넣어보세요.
고리를 만들면 더욱 편할 거예요.

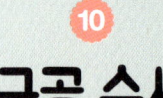

야구공 수세미

How to make ● p.122

기름때 날리는 만루 홈런!
스치티가 경쾌한 야구공 모양의 수세미입니다.

11

럭비공 수세미

How to make ● p.124

찌든 때 없애는 터치다운!
럭비공 수세미에게 맡겨주세요.

꿀꿀이 수세미

How to make ● p.126

삐약이 수세미

How to make ● p.126

뒤뚱 펭귄 수세미

How to make ● p.126

곰곰이 수세미

How to make ● p.126

설거지를 도와주는 귀여운 동물 친구들이에요.
이렇게 귀여운 수세미라면 아이들과 함께
설거지에 도전해보는 것도 즐겁겠지요.

FLOWER

TULIP

ROSE

FLOWER

FLOWER

PART 02

꽃과
식물

flower & plant

designed by 지니아

이번 장에서는 꽃과 식물을
주제로 디자인한 사랑스러운
수세미를 소개합니다. 꽃과 식물은
입체적인 디자인이 많아 만드는
재미도 크지요.

꽃잎 모티브 수세미

How to make ● p.128

꽃잎 여러 개를 연결해 만들면
화사한 모티브 수세미가 완성됩니다.
꽃잎을 연결하면서 만들면 작업이 훨씬 간단해요.

17

층층 꽃 수세미

How to make ● p.130

18개의 큼직한 꽃잎을 가지런히 겹치면
단아하면서도 고운 층층 꽃이 완성됩니다.

18

회오리 꽃 수세미

How to make ● **p.132**

충충 꽃을 변형해 만든
같은 듯 다른 느낌의 수세미예요.

How to make ● p.134

⑲ 고리 장미 수세미

링고리를 만들어 하나씩 연결하다 보면 예쁜 장미로 변신해요.
과정도 간단해서 수월하게 뜰 수 있어요.

돌돌 장미 수세미

How to make ● **p.136**

도안대로 길게 떠서 돌돌 말기만 하면
화사한 장미 한 송이가 뚝딱!

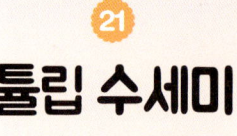

튤립 수세미

How to make ● p.138

구름 수세미

How to make ● p.140

알록달록한 색으로 떠서 더욱 귀여운 튤립 수세미로
주방을 정원처럼 꾸며보세요. 튤립 수세미와 함께 장식하면 좋은 구름 수세미는
만들기 쉽고 색색별로 뜨는 재미가 있어요. 두 장을 떠서
한쪽면만 연결하고 손을 끼워 사용해도 좋아요.

카네이션 수세미

How to make ● **p.142**

카네이션 수세미 한 송이로
특별한 날 감사의 마음을 전해보세요.

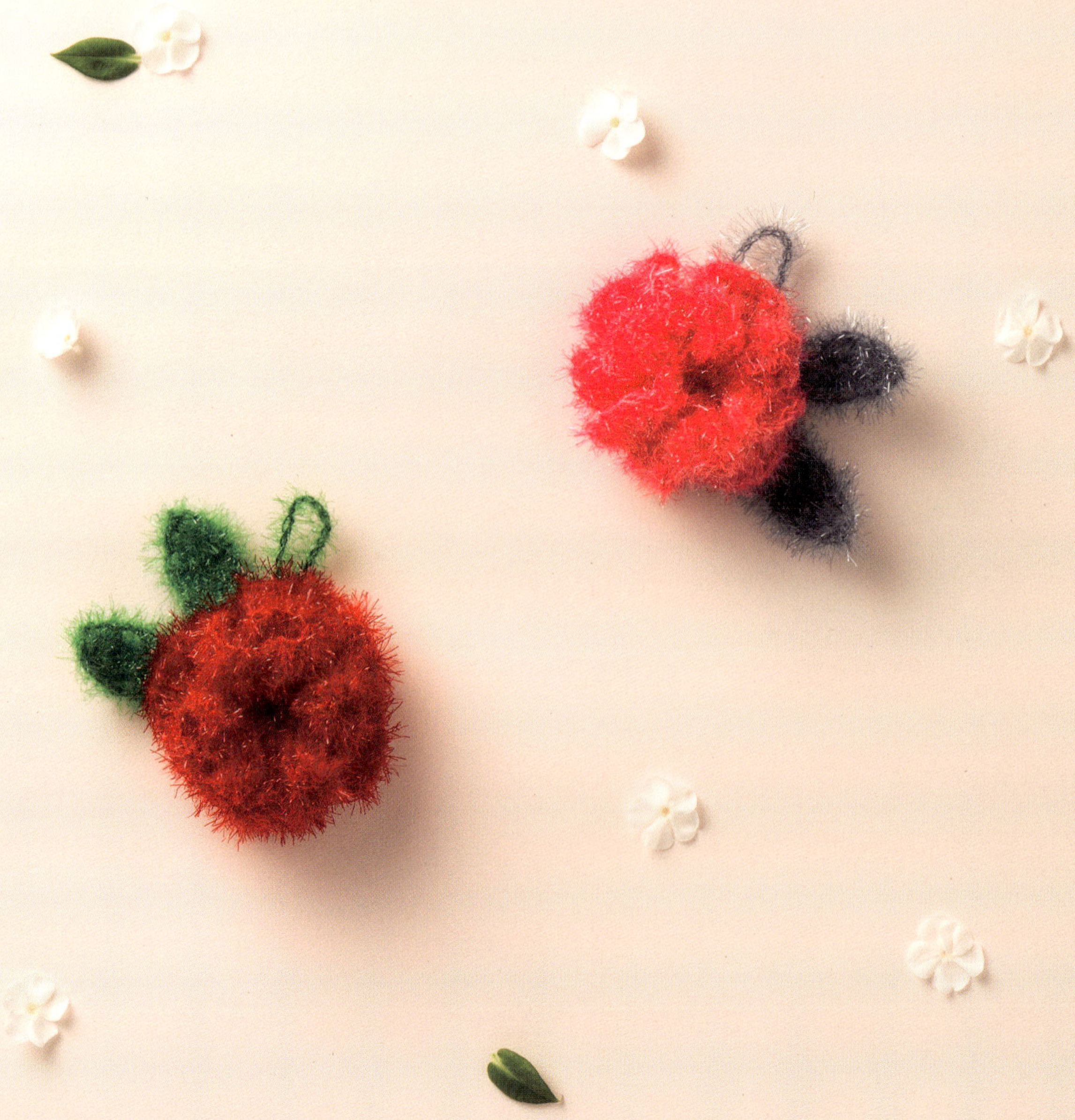

투톤 카네이션 수세미

How to make ● p.144

사랑스러운 투톤 컬러로 다른 스타일의
카네이션 수세미를 완성해보세요.

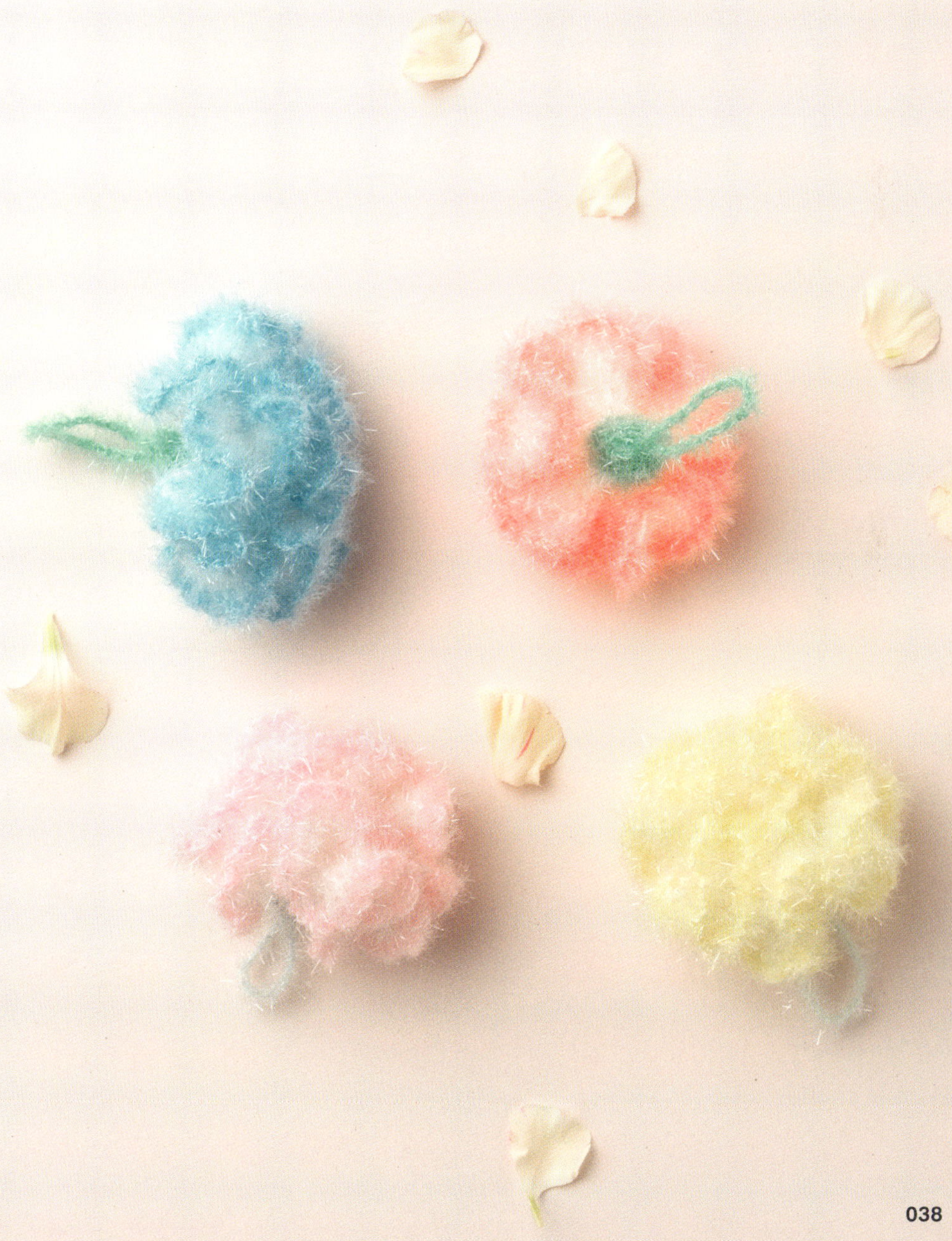

아네모네 수세미

How to make ● **p.146**

강렬하면서 절도 있는 아네모네의 매력을
내 주방으로 옮겨오세요.

입체 꽃 수세미

How to make ● p.148

순서대로 차근차근 뜨다보면 3D 모양이 나오는 입체 꽃.
재미있는 수세미 뜨기의 매력에 퐁당 빠져보세요.

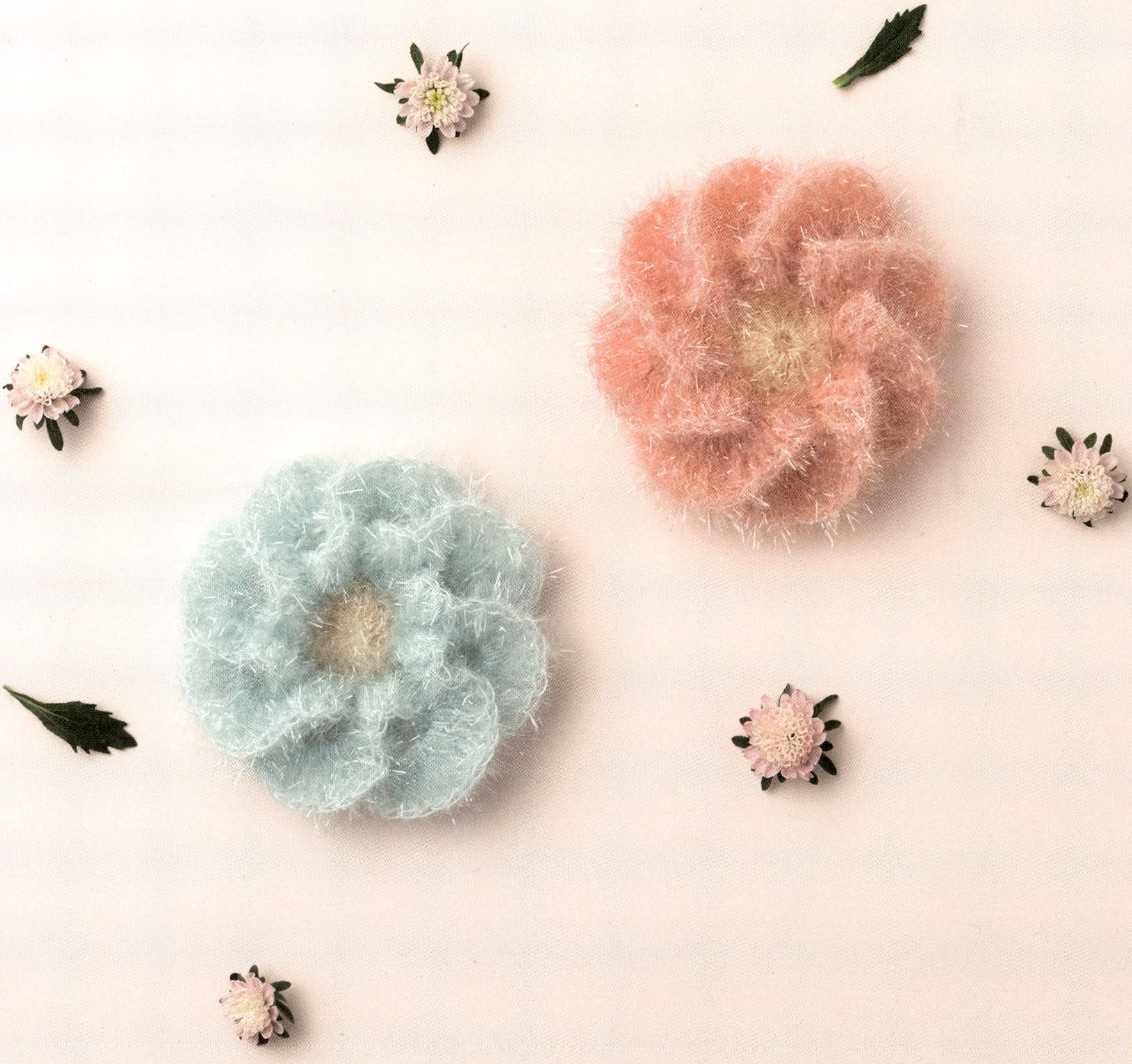

선인장 화분 수세미

How to make ● p.150

한 번에 연결해서 뜨는 선인장 화분 수세미를
손에 쏙 끼고 사용해보세요.

28

겹겹 꽃 수세미

How to make ● p.152

꽃잎을 겹겹이 펼쳐 큼직한 한 송이 꽃으로 탄생하는
겹겹 꽃으로 주방을 화사하게 꾸며보세요.

몬스테라 수세미

How to make ● **p.154**

북유럽 감성을 느끼게 하는 유니크한 수세미예요.
싱그러운 초록이를 주방에 들여 보세요.

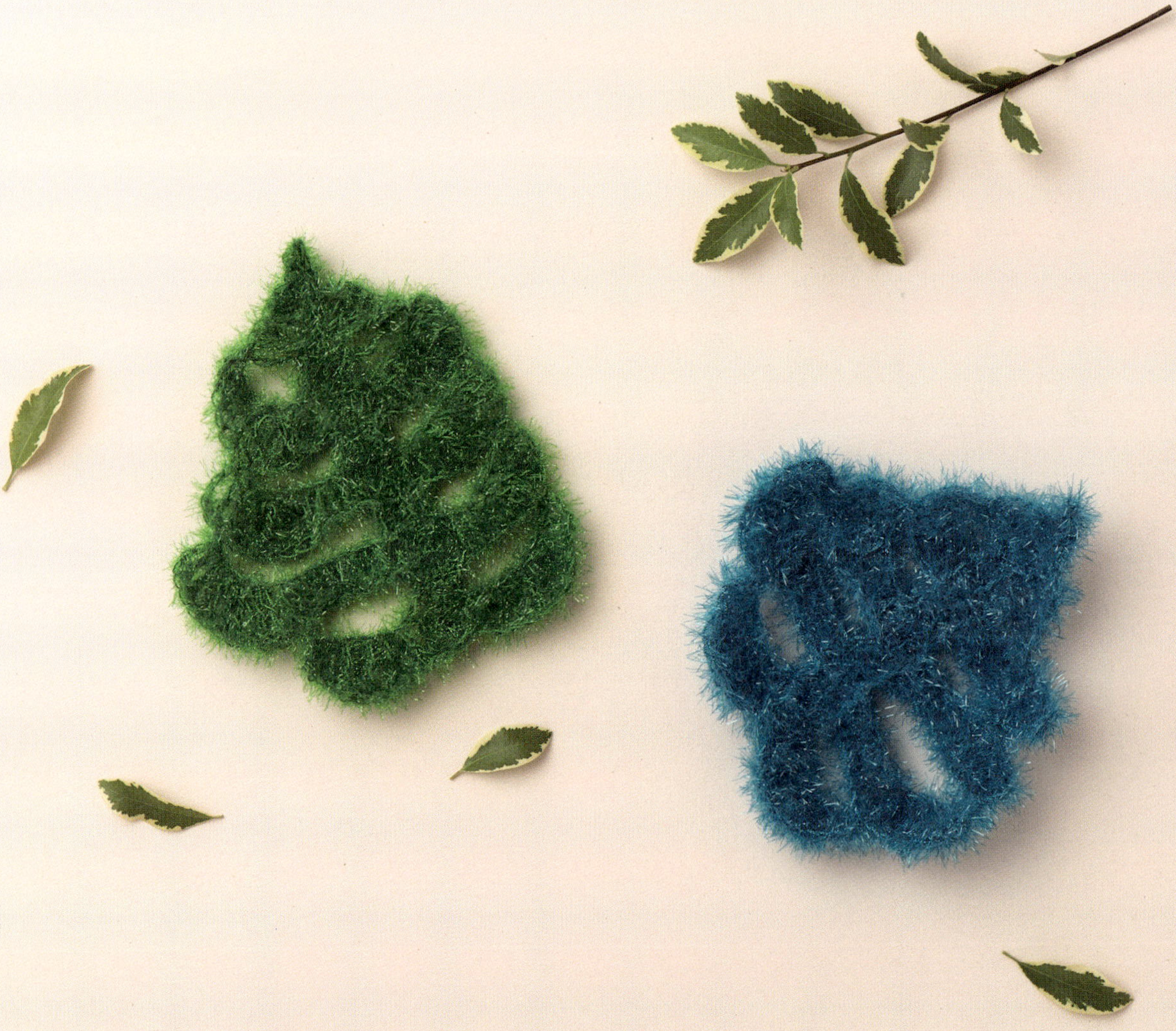

구멍 송송 꽃피다 수세미

How to make ● p.156

떠 놓은 그물망에 꽃잎이 활짝.
구멍마다 꽃을 피워 예쁘게 완성해보세요.

31

볼꽃 수세미

How to make ● **p.158**

한 단 한 단 뜨다 보면 어느새 동그란 볼 완성!
주방에서 욕실에서 다양하게 활용하기 좋은
볼꽃 수세미 한번 만들어보세요.

퐁퐁 꽃 수세미

How to make ● p.160

두 가닥을 잡아서 금세 뜨는 큼직한 퐁퐁 꽃으로
팝콘뜨기 재미를 느껴보세요. 뒷면에 손을 넣을 수 있는
고리를 만들어 실용성도 좋아요.

레몬

딸기

귤

사과(초록)

사과 반쪽

복숭아

사과(보라)

과일 한 접시 수세미
(레몬, 딸기, 복숭아, 사과, 사과 반쪽, 귤)

How to make ● p.162

같은 도안이지만 조금씩 변형하면
다양한 과일 모양을 만들 수 있는 '과일 한 접시' 수세미예요.

BICHON

CAT

SQUID

MANGOSTEEN

SMILE

PART 03

캐릭터
&
푸드

Character & Food

designed by 문주희

이번 장에서는
귀여운 캐릭터와 먹음직스러운 음식을
주제로 한 수세미를 소개합니다.

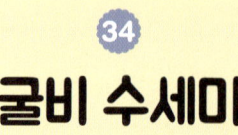

34

굴비 수세미

How to make ● p.166

도안대로 떠서 반을 접어 꿰매기만 하면 완성되는 간단한 굴비 수세미예요.
완성해서 주방에 걸면 귀여운 굴비 덕에 없던 입맛도 살아난답니다.

붕어빵 수세미

How to make ● p.168

올록볼록 귀여운 붕어빵 수세미예요.
입부터 꼬리까지 한번에 뚝딱 만들 수 있답니다.

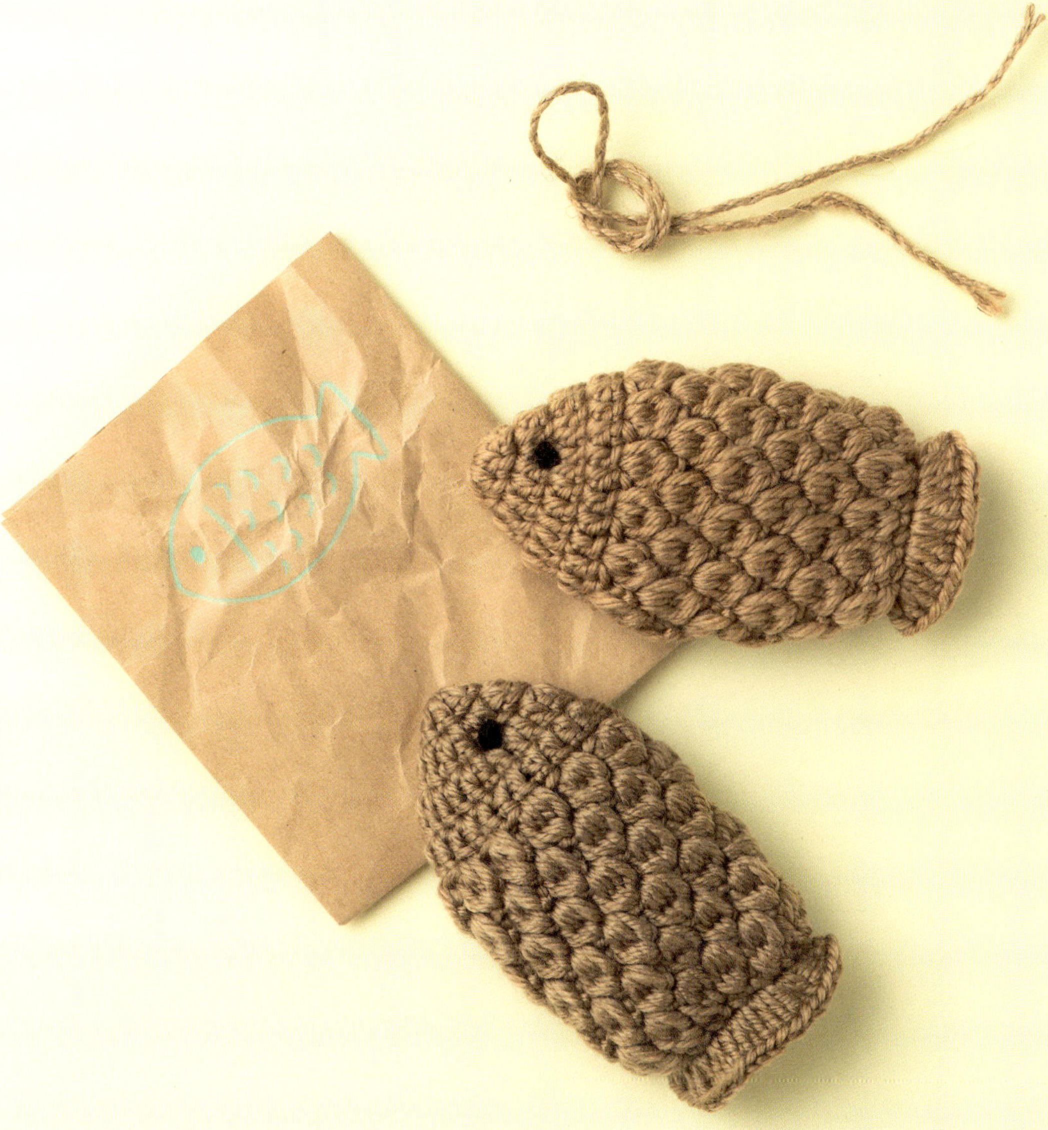

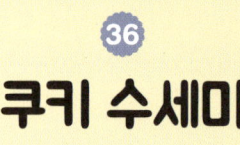

쿠키 수세미

How to make ● p.170

쿠키 2장 사이에 크림을 떠서 넣고 꿰매어 만든 쿠키 수세미예요.
꿰매지 않고 한 면씩 따로따로 사용해도 좋아요.

바게트 수세미

How to make ● p.172

빵 부분을 뜨고 난 후 구멍 부분까지 연결하여 뜨면
길쭉하고 바삭한 바게트를 만들 수 있어요. 끝부분이 뾰족해서
구석구석 설거지하기 좋아요.

대파 수세미

How to make ● **p.174**

대파 가운데 부분에 기다란 물건을 넣어 사용해보세요.
길쭉한 대파가 컵 안쪽까지 깨끗하게 닦아줄 거예요.

래디시 수세미

How to make ● p.178

동글동글 귀여운 뿌리채소를 만들어보세요.

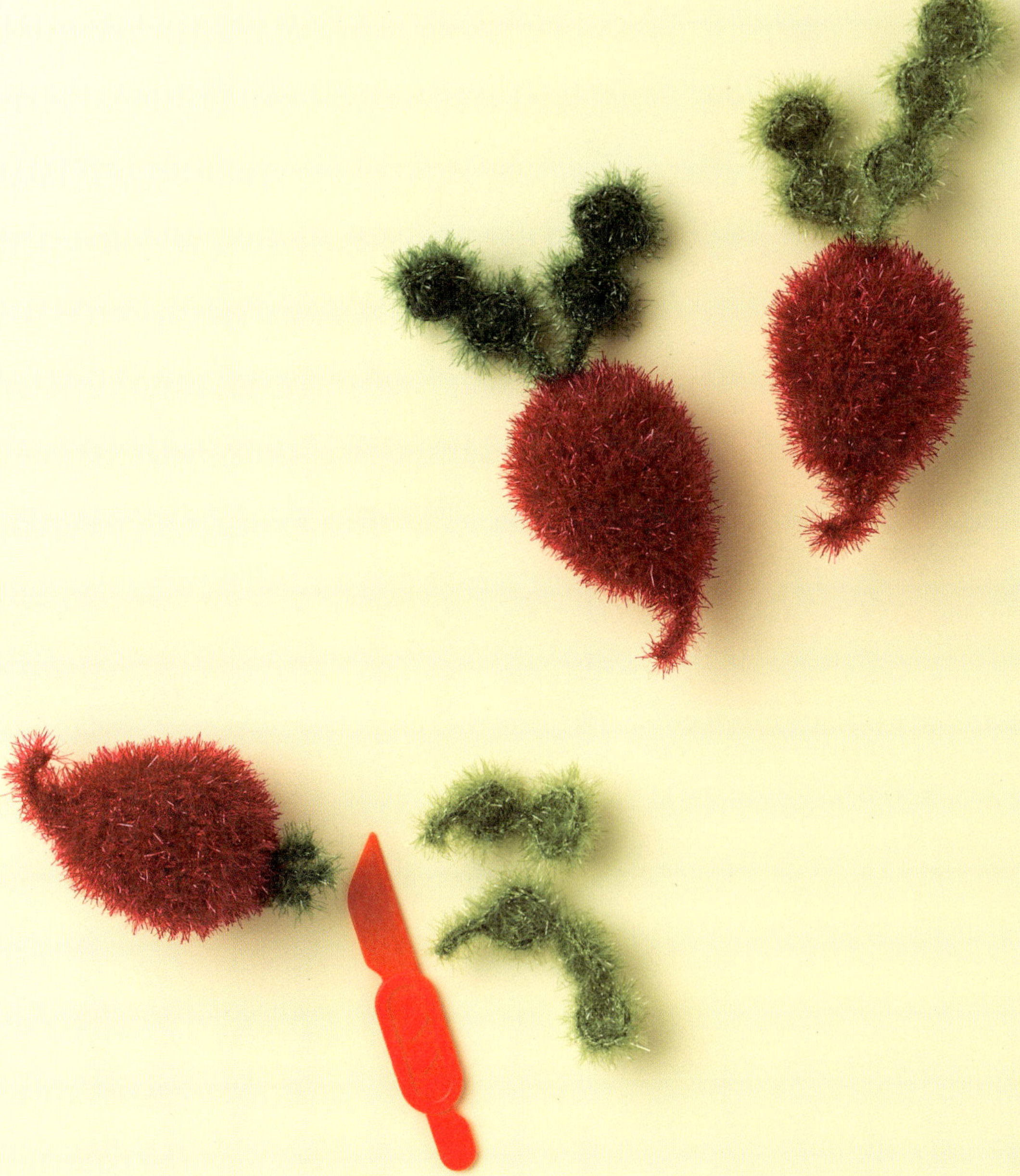

아보카도 수세미

How to make ● p.180

씨앗을 품고 있는 예쁜 색의 아보카도를 만들어볼까요?
한 번에 끝까지 빠르게 완성할 수 있고, 모양이 둥글둥글해 거품도 잘 난답니다.

망고스틴 수세미

How to make ● p.182

과일의 여왕이 수세미로 변신했어요.
한 번에 끝까지 뜰 수 있어서 초보자도 도전하기 좋아요.

악어 수세미

How to make ● p.184

입 윗부분과 입 아랫부분을 연결하면
손을 끼울 수 있어서 그릇을 닦을 때 정말 편해요.
이빨 무시무시한 악어라서 겁난다고요?
설거지를 정말 잘하는 귀요미일 뿐이랍니다.

돼지 수세미

How to make ● **p.188**

코부터 귀까지 한 번에 뜰 수 있어서 보기보다 만들기 쉬워요.
귀여운 얼굴에 다양한 표정을 수놓아보세요.

돌고래 수세미

How to make ● p.190

싱크대와 잘 어울리는 동물 친구를 만들어봤어요.
물속에서 폴짝 뛰어오르는 듯한 귀여운 모습에 반할 거예요.

고양이 수세미

How to make ● p.192

꾸벅꾸벅 졸면서 식빵을 굽고 있는 귀여운 고양이를 만나보세요.
장갑처럼 손을 끼울 수 있어서 더욱 편해요.

오징어 수세미

How to make ● p.194

동물 친구 중에 빠지지 않는 오징어를 만들어볼까요?
뾰족한 머리 부분으로 구석구석 잘 닦을 수 있을 뿐 아니라
몸통 속에 손을 끼울 수 있어 유용하답니다.

플라밍고 수세미

How to make ● p.196

예쁜 빛깔과 우아한 자태를 자랑하는 플라밍고예요.
거품도 잘 나지만 더 편리한 점이 있어요. 설거지하고 난 후
부리 부분을 수전에 걸어보세요. 금방 건조되어 위생적으로 쓸 수 있답니다.

스마일 수세미

How to make ● p.198

수세미의 기본 형태인 호빵 수세미예요.
기분 좋은 미소부터 윙크까지 다양한 표정을 수놓아보세요.

49

비숑 수세미

How to make ● p.200

혓바닥을 내밀고 귀엽게 바라보는 비숑 친구예요.
하얗고 동그란 얼굴이 정말 사랑스럽답니다.

유니콘 수세미

How to make ● p.202

보는 것만으로도 기분 좋아지는 예쁜 유니콘을 만들어보세요.
주방을 화사하게 만들어줄 거예요.

코바늘
뜨기의
기초

Basics

도구와 재료 소개

반짝이
수세미 실
(폴리 100%)

아크릴
수세미 실
(아크릴 100%)

❶ **뜨개실** 종류나 두께에 따라 작품의 크기가 달라지는데, 이 책에서는 대부분 폴리 100%의 반짝이 수세미 실을 사용했다. 몇몇 작품은 아크릴 100%의 수세미 실을 사용했다. 작품에 수놓는 스티치용으로는 아크릴 실이나 면 실을 사용한다.

❷ **모사용 코바늘** 코바늘은 모사용과 레이스용으로 나뉘는데, 이 책에서는 두께가 있는 실에 쓰는 모사용 코바늘을 사용한다. 바늘의 호수가 커질수록 굵기가 굵어진다.

❸ **돗바늘** 편물을 연결하거나, 마무리할 때 사용한다.

❹ **가위** 뜨개실을 자를 때 사용한다.

❺ **표시링** 뜨개코에 걸어 단수와 콧수를 표시한다.

❻ **시침핀** 편물을 고정할 때 사용한다.

❼ **수성펜** 표정이나 모양을 수놓을 때 밑그림용으로 사용한다. 물이 닿으면 사라지는 수성 잉크로 만든 펜으로 세탁 시 저절로 지워져 사용이 용이하다.

기본 설명

❶ 실과 코바늘 잡기

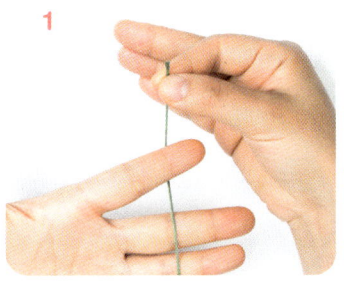

1

오른손으로 실 끝을 잡고 왼손에 실을 건다.

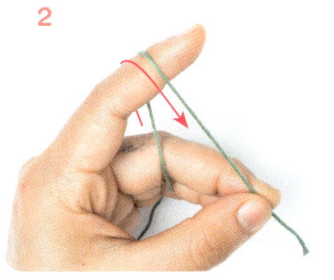

2

실이 걸릴 수 있게 검지를 세워 삼각형을 만든 후 엄지와 중지로 실 끝을 잡는다.

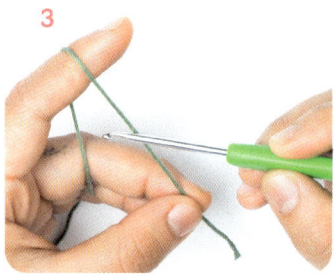

3

연필을 잡듯이 가볍게 코바늘을 잡아 실 위에 놓는다.

❷ 사슬코

사슬뜨기를 뜨고 난 후 생기는 코를 '사슬코'라고 한다. 사슬코에는 겉면과 안쪽 면이 있다.
겉면에 보이는 V자 모양(반코 2개)과 안쪽 면 중앙에 있는 코산 모두를 가리켜 사슬코라고 한다.

1

V 자 모양이 보이면 사슬코의 겉면.

2

가운데 볼록하게 솟은 사슬코의 안쪽 면.

③ 코의 머리

사진처럼 V자 모양의 코를 '코의 머리'라고 한다. 다음 단을 뜰 때 앞단 코의 머리에 뜬다.

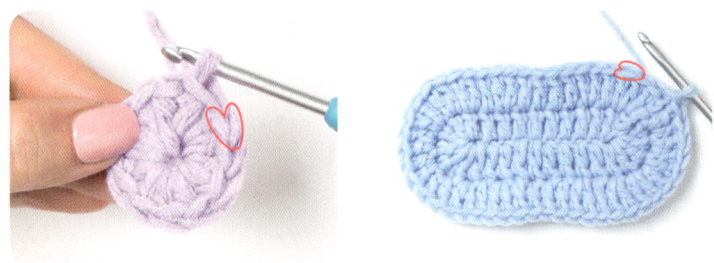

④ 기둥코

코바늘뜨기는 뜨개코에 따라서 단의 높이가 달라진다. 뜨개의 시작 지점에서 뜨개코를 떠서 높이를 맞추는데, 이 뜨개코를 기둥코라고 한다. 이 기둥코는 사슬뜨기로 뜨고 뜨개코의 길이 만큼 떠서 높이를 맞춘다. 기둥코는 1코로 계산하지만, 짧은뜨기의 기둥코는 콧수에 포함하지 않는다.

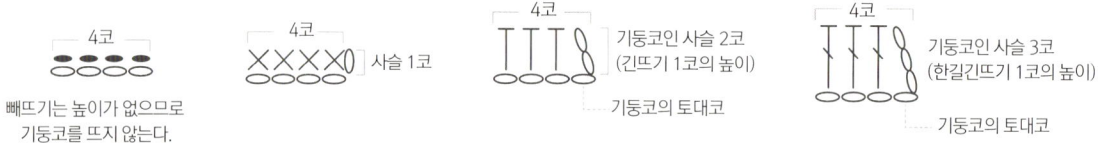

⑤ 코의 높이

코바늘뜨기의 뜨개코는 일정한 높이를 가지고 있다(사슬뜨기와 빼뜨기 제외). 사슬뜨기 1코를 기준으로 뜨개코의 높이는 그림과 같다.

⑥ 사슬코 안쪽 면(사슬코 산)에서 코 잡아 뜨기

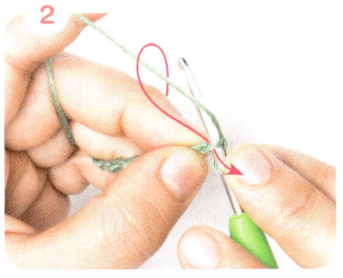

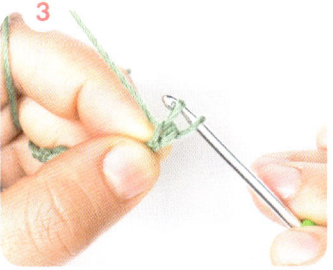

사슬코의 안쪽 면에서 가운데 볼록하게 솟은
사슬코 산에 코바늘을 넣는다.

바늘에 실을 감아서 끌어낸다.

계속 이어서 뜬다.

⑦ 기둥코 만들어 뜨기(평면뜨기)

1단을 다 뜬 후, 바늘에 실을 감는다.

감은 실을 끌어낸다. (짧은뜨기 기둥코=사슬뜨기
1코)

편물을 돌린다. 다음 단의 기둥코 완성.

⑧ 원형뜨기

① 매직링 만들기

1

사진처럼 왼손에 실을 걸고, 오른손으로 실 끝을 잡아 손가락 뒤쪽으로 감아 넘긴다.

2

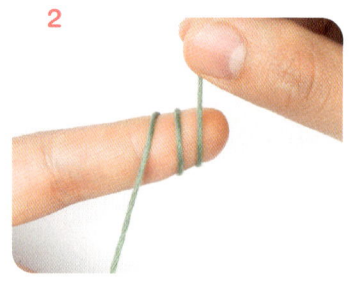

같은 방향으로 총 2번 감는다.

3

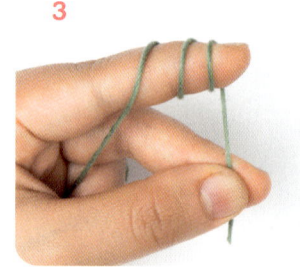

실 끝을 가볍게 잡는다.

4

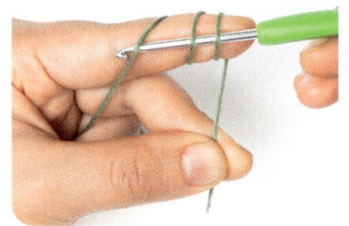

사진처럼 바늘을 손가락에 감은 실 사이에 끼운다.

5

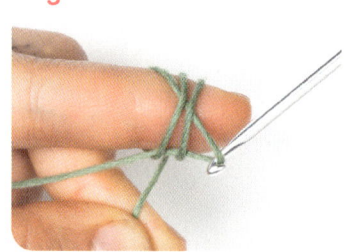

실을 걸어 손가락에 감은 실 사이로 끌어낸다.

6

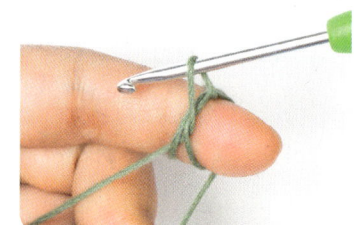

바늘을 살짝 위로 올린다.

7

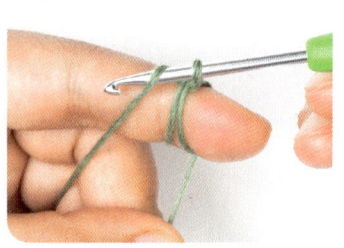

바늘에 실을 감는다.

8

실을 감아서 고리 안으로 끌어낸다.

9

손가락을 뺀다. 매직링 완성.

❷ 이어서 원형뜨기로 1단 뜨기

10

동그란 고리에 바늘을 넣는다.

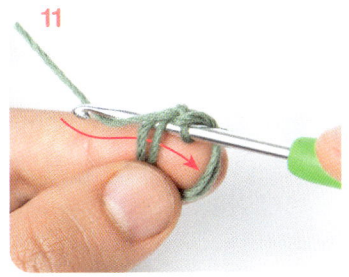

11

바늘에 실을 감고 고리 안으로 빼낸다.

12

다시 실을 감아서 2개의 고리 안으로 빼낸다.

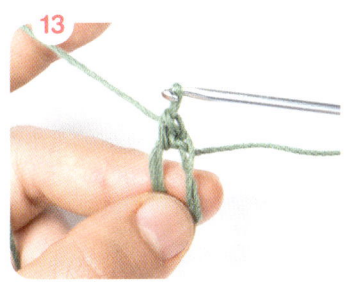

13

짧은뜨기 1코 완성.

14

과정 11~13까지 반복하여 총 6코가 되도록 짧은뜨기를 진행한다.

15

실 끝을 살짝 당기면 실 두 가닥 중 움직이는 실이 보인다.

16

움직이는 실 가닥을 잡아 잡아당기면 가운데 구멍이 작아진다.

17

원하는 크기가 될 때까지 고리 실을 잡아당긴다.

18

실 끝을 잡아당기면 1단이 완성된다.

❸ 빼뜨기 없는 원형뜨기(기둥코 없이 이어서 뜨기)

1

첫 단에서 원형뜨기로 짧은뜨기 6코를 뜬다. 이때, 빼뜨기 없이 원형뜨기를 할 때는 표시링을 걸어주면 좀 더 수월하다.

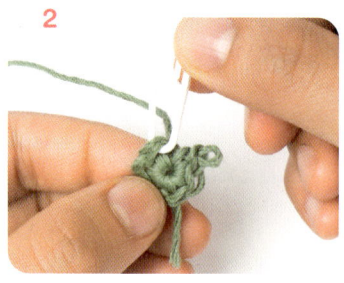

2

바늘에 걸린 고리 뒤에서 부터 6번째 코에 표시링을 걸어준다. 이 자리는 첫 단의 첫코 표시가 된다.

3

표시링이 걸린 자리에 코바늘을 넣고 짧은뜨기를 한다.

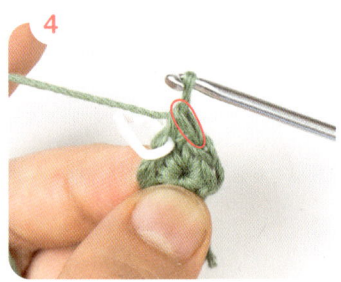

4

두 번째 단의 첫 번째 코가 된다. 표시링을 두 번째 단의 첫 번째 코로 옮겨준다.

5

표시링의 오른쪽 코까지 뜨면 한 단이 완성된다.

❹ 빼뜨기 있는 원형뜨기(기둥코 세워서 뜨기)

1

'매직링 만들기'의 과정 8까지 반복한 후, 사슬뜨기 1코를 더 뜬다.

2

첫 단에서 원형뜨기로 짧은뜨기 6코를 진행한다.

3

바늘에 걸린 고리 뒤에서 부터 6번째가 첫 번째 코가 되는데 이 자리에 바늘을 넣는다.

4

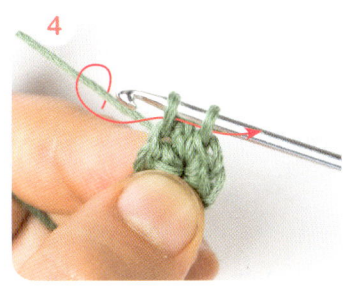

바늘에 실을 감아서 고리를 끌어내고, 그대로 다음 고리로 빼낸다.

5

빼뜨기 완성.

6

바늘에 실을 감아서 고리 안으로 빼낸다.

7

기둥코(사슬뜨기 1코) 완성.

8

빼뜨기를 한 코에 짧은뜨기 1코를 뜬다.

9

두 번째 단의 첫코가 된다.

❺ 방향 바꿔 원형뜨기

1

원형뜨기에서 빼뜨기까지 마무리한다.

2

사슬뜨기 1코를 뜬 후, 편물을 왼쪽에서 오른쪽으로 한 바퀴 돌린다.

3

편물을 돌린 모습.

4

사슬코 앞에 있는 V자 코에 코바늘을 넣는다.

5

짧은뜨기를 한다.

6

방향 바꿔 원형뜨기 완성.

❾ 배색하기

❶ 원형뜨기에서 색상 바꾸기

1

1단을 뜨고 빼뜨기를 할 때 새로운 실을 가져온 후 빼뜨기를 한다.

× 실 색상을 바꿀 때는 앞단의 빼뜨기를 할 때부터 새로운 실로 뜬다.

2

새로운 실을 바늘에 감고, 바늘에 걸린 2개의 고리 안으로 빼낸다. (빼뜨기)

3

2단을 짧은뜨기로 배색한 모습.

❷ 짧은뜨기 무늬 배색하기

1

앞단 사슬코에 바늘을 넣는다.

2

바늘에 실을 감아서 고리를 끌어낸다.

3

바늘에 2개의 고리가 걸린 상태에서 배색하려는 실을 준비한다.

4

실을 왼쪽 손에 가볍게 잡고, 바늘에 실을 감는다.

5

감은 실을 2개의 고리 안으로 빼낸다.

6

이어서 짧은뜨기 7코를 뜬다.

❸ 한길긴뜨기 무늬 배색하기

1

미완성 한길긴뜨기 1코를 뜬다.

2

다른 색 실을 가져와서 2개의 고리 사이로 빼낸다.

3

이어서 한길긴뜨기를 뜬다.

뜨개법과 기호

 01 사슬뜨기

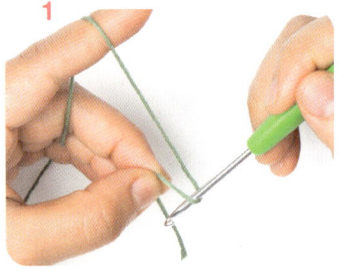

실을 왼손으로 잡고, 바늘을 가져와서 사진처럼 아래로 잡아당긴다.

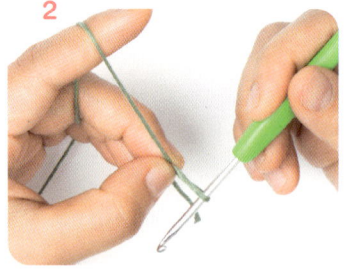

왼손의 엄지와 중지로 실이 교차되는 지점을 가볍게 잡는다.

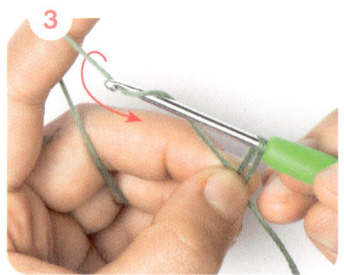

바늘을 위로 들어 올린 후 실을 감는다.

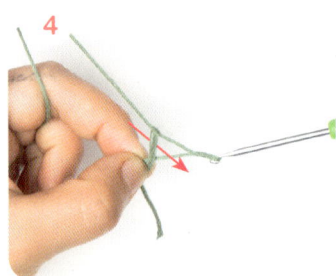

감은 실을 고리 안으로 빼낸다.

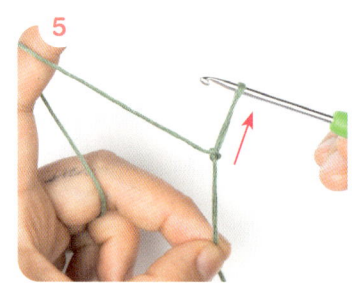

바늘을 위로 들어올린다.

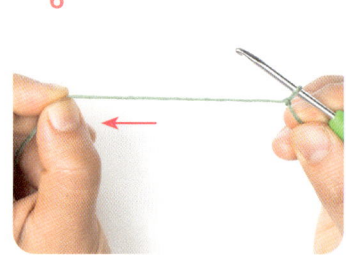

양쪽 손으로 실을 각각 잡고 왼쪽에서 잡아당긴다.

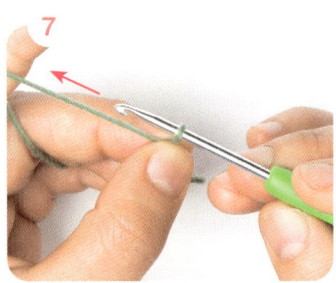

바늘에 알맞은 크기가 될 때까지 당긴다.

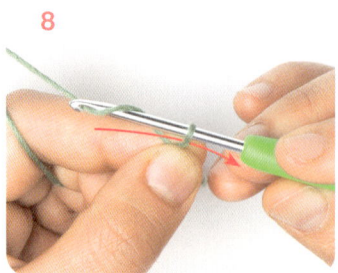

왼손 엄지와 중지로 가볍게 매듭을 잡은 후, 바늘에 실을 감아 고리 안으로 빼낸다.

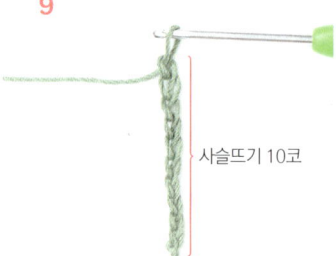

사슬뜨기 10코

사슬뜨기 10코를 뜬 모습.

02 짧은뜨기

1

앞단 코의 머리에 바늘을 넣는다.

2

바늘에 실을 감고 고리 안으로 빼낸다.

3

빼낸 모습.

4

바늘에 실을 감고 2개의 고리 안으로 빼낸다.

5

빼낸 모습.

6

짧은뜨기 완성.

 **03 짧은뜨기 2코 늘려뜨기**

1

짧은뜨기 1코를 뜬다.

2

같은 코에 한 번 더 바늘을 넣는다.

3

짧은뜨기를 1번 더 뜬다. 앞단보다 1코 더 늘어난 상태.

× **짧은뜨기 3코 늘려뜨기(\✘/)** '짧은뜨기 2코 늘려뜨기'와 같은 요령으로 3코를 한자리에 뜬다.

 **04 짧은뜨기 2코 모아뜨기**

앞단 코의 머리에 바늘을 넣는다.

바늘에 실을 걸고 고리를 끌어낸다.

다음 코에서도 같은 방법으로 고리를 끌어낸다.

바늘에 실을 걸고 3개의 고리 안으로 한번에 빼낸다.

짧은뜨기 2코 모아뜨기 완성. 앞단보다 1코 줄어든 상태.

× 짧은뜨기 3코 모아뜨기(⋏) '짧은뜨기 2코 모아뜨기'와 같은 요령으로 뜨는데, 과정3을 한 번 더 반복한다.

 05 이랑뜨기

앞단 코의 머리에 바늘을 넣는데, 뒤쪽 반코 (한 줄)에만 넣는다.

바늘에 실을 감고 끌어낸다.

끌어낸 모습.

다시 바늘에 실을 감고 2개의 고리 안으로 빼
낸다.

빼낸 모습.

 **06 긴뜨기**

바늘에 실을 감는다.

앞단 코에 바늘을 넣는다.

바늘에 실을 감고 끌어낸다.

다시 바늘에 실을 감고 3개의 고리 안으로 빼
낸다(빼내기 전 상태를 미완성 긴뜨기라고 한다).

긴뜨기 완성.

 **07 긴뜨기 2코 늘려뜨기**

1

긴뜨기 1코를 뜬다.

2

실을 감고 같은 자리(코)에 한 번 더 바늘을 넣는다.

3

긴뜨기를 1번 더 뜬다. 앞단보다 1코 더 늘어난 상태.

08 긴뜨기 2코 모아뜨기

1

미완성 긴뜨기 1코를 뜬다.

2

실을 감는다.

3

앞단 코에 바늘을 넣는다.

4

다시 실을 감아서 끌어낸다.

5

바늘에 실을 감고 5개의 고리 안으로 한번에 빼낸다.

6

긴뜨기 2코 모아뜨기 완성.

09 긴뜨기 8코 팝콘뜨기

1

앞단 한 코에 긴뜨기 8코를 뜬다.

2

고리에서 바늘을 빼고 여덟 번째 뒤의 사슬코에 바늘을 넣는다.

3

빼 놓았던 고리에 바늘을 넣는다.

4

고리를 끌고 와서 빼낸다.

5

다시 실을 감고 고리 안으로 빼낸다.

6

긴뜨기 8코 팝콘뜨기 완성.

 **10 한길긴뜨기**

1

사진처럼 바늘에 실을 감는다.

2

다음 코에 바늘을 넣는다.

3

바늘에 실을 감고 끌어낸다.

끌어낸 모습.

다시 실을 감고 2개의 고리 안으로 빼낸다(빼 낸 상태를 미완성 한길긴뜨기라고 한다).

바늘에 2개의 고리가 걸린 모습.

다시 바늘에 실을 감아서 2개의 고리 안으로 빼낸다.

한길긴뜨기 1코 완성.

V ⑪ 한길긴뜨기 2코 늘려뜨기

한길긴뜨기 1코를 뜬다.

바늘에 실을 감고, 같은 코에 바늘을 넣는다.

다시 실을 감고 고리를 끌어낸다.

4

5

6

바늘에 실을 감고 2개의 고리 안으로 빼낸다.

다시 바늘에 실을 감고 2개의 고리 안으로 빼낸다.

한길긴뜨기 2코 늘려뜨기 완성. 앞단보다 1코가 줄어든 상태.

× **한길긴뜨기 3코 늘려뜨기(Ⅶ)** '한길긴뜨기 2코 늘려뜨기'와 같은 같은 요령으로 3코를 한자리에 뜬다.

 **⑫ 한길긴뜨기 2코 모아뜨기**

1

2

3

미완성 한길긴뜨기 1코를 뜬다.

바늘에 실을 감고 다음 코에 넣는다.

다시 실을 감아서 끌어낸다.

4

5

6

바늘에 실을 감고 2개의 고리 안으로 빼낸다.

바늘에 실을 감고 3개의 고리 안으로 빼낸다.

앞단보다 1코가 줄어든 상태.

 **⑬ 한길긴뜨기 3코 모아뜨기**

미완성 한길긴뜨기 3코

미완성 한길긴뜨기 3코를 뜬다.

바늘에 실을 감아서 4개의 고리 안으로 빼낸다.

한길긴뜨기 3코 모아뜨기 완성. 앞단보다 2코 줄어든 상태.

 ⑭ 한길긴뜨기 앞걸어뜨기

바늘에 실을 감는다.

앞단의 기둥에 바늘을 앞에서 넣는다.

바늘에 실을 감고 끌어낸다.

다시 바늘에 실을 감고, 2개의 고리 안으로 빼낸다.

바늘에 실을 감고 남은 2개의 고리 안으로 빼낸다.

한길긴뜨기 앞걸어뜨기 완성.

× 한길긴뜨기 뒤걸어뜨기(Ꮢ)는 앞단의 기둥에 바늘을 뒤에서 넣어 뜬다.

× 짧은뜨기 뒤걸어뜨기(Ꭓ)는 '한길긴뜨기 뒤걸어뜨기'와 같은 요령으로 짧은뜨기를 뜬다.

15 한길긴뜨기 | 4코 방울뜨기

미완성
한길긴뜨기 4코

미완성 한길긴뜨기 4코를 뜬다. 바늘이 5개
의 고리가 걸린다.

바늘에 실을 감고 5개의 고리 안으로 한번에
빼낸다.

한길긴뜨기 4코 방울뜨기 완성.

 16 한길긴뜨기 | 5코 팝콘뜨기

같은 코에 한길긴뜨기 5코를 뜬다.

바늘을 고리에서 뺀다.

사진처럼 5번째 전 코에 바늘을 넣는다.

고리를 바늘에 끼워 끌어낸다.

실을 감고 1개의 고리 안으로 빼낸다.

한길긴뜨기 5코 팝콘뜨기 완성.

 **17 두길긴뜨기**

1

바늘에 실을 두 번 감는다.

2

앞단 코에 바늘을 넣고 실을 감아서 빼낸다.

3

바늘에 실을 감아서 2개의 고리 안으로 빼낸다.

4

다시 실을 감아서 2개의 고리 안으로 빼낸다.

5

한번 더 바늘에 실을 감고 2개의 고리 안으로 빼낸다.

6

두길긴뜨기 1코

두길긴뜨기 완성.

 18 두길긴뜨기 2코 늘려뜨기

1

두길긴뜨기 1코를 뜬 후, 바늘에 실을 감는다.

2

같은 자리에 바늘을 넣고 실을 감는다.

3

두길긴뜨기 1코를 더 뜬다. 앞단보다 1코 늘어난 상태.

× **두길긴뜨기 3코 늘려뜨기(** ₩ **)** '두길긴뜨기 2코 늘려뜨기'와 같은 요령으로 3코를 한자리에 뜬다.

⑲ 세길긴뜨기

1

바늘에 실을 세 번 감는다.

2

앞단 코에 바늘을 넣고 실을 감아서 빼낸다.

3

바늘에 실을 감아서 2개의 고리 안으로 빼낸다.

4

다시 실을 감아서 2개의 고리 안으로 빼낸다.

5

한 번 더 실을 감아서 2개의 고리 안으로 빼낸다.

6

마지막으로 실을 감아서 2개의 고리 안으로 빼낸다.

7

빼낸 모습.

8

세길긴뜨기 완성.

 **20 네길긴뜨기**

'세길긴뜨기'와 같은 방법으로 뜨는데, 바늘에 실을 네 번 감는다.

네길긴뜨기 완성 모습.

 **21 루프뜨기**

앞단 코의 머리에 바늘을 넣는다.

왼손 가운데 손가락을 실 위로 가져온다.

바늘에 실을 감아서 끌어낸다.

끌어낸 모습.

바늘에 실을 감아서 2개의 고리 안으로 빼낸다.

빼낸 모습.(짧은뜨기 1코)

7

손가락을 감싼 만큼의 루프(실고리)가 만들어
진다.

8

루프 모양

손가락을 빼면 루프 모양이 생긴다.

9

남은 코도 모두 같은 방법으로 뜬다.

PART 05

HOW TO
MAKE

선인장 수세미 Photo ● p.010

READY

- ● **완성 크기** 10×9cm
- ● **실** 카키색/스티치용 흰색
- ● **바늘** 모사용 코바늘 4/0호

- ● **기타** 돗바늘
- ● **도구와 기법** 78~101쪽 참조

몸통

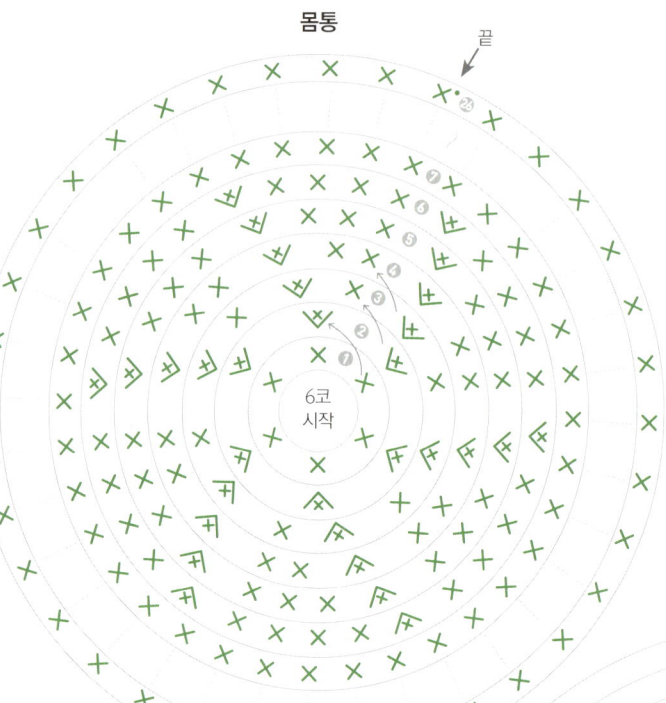

6코
시작

몸통

단수	콧수
1	6
2	12
3	18
4	24
5	30
6	36
7~25	36
26	36

팔(2장)

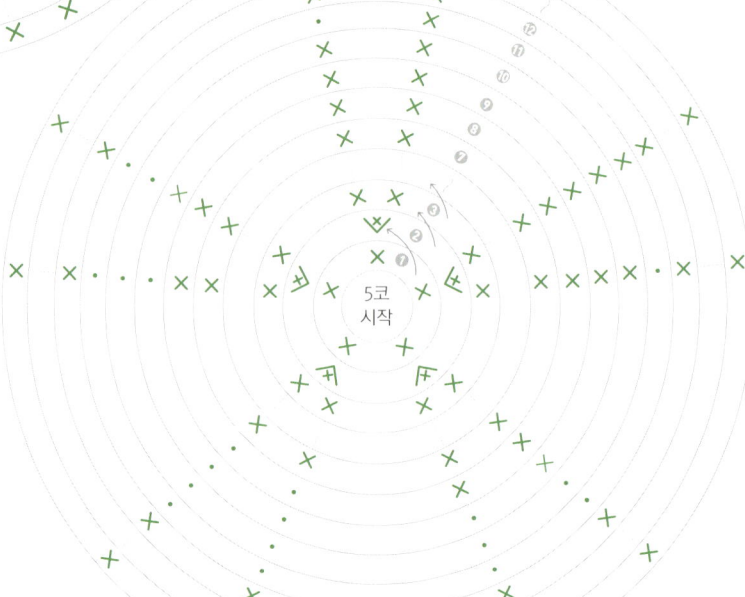

5코
시작

팔

단수	콧수
1	5
2	10
3~7	10
8	10
9	10
10	10
11	10
12~14	10

1

매직링을 만들고 짧은뜨기 6코 원형뜨기로
시작, 몸통 도안을 참고하여 26단까지 뜬다.

2

선인장 팔 두 장을 뜨고, 전체적 비율을 보며
팔을 달 위치를 정한다.

3

팔을 몸통에 돗바늘로 꿰매 붙인다.

4

팔이 가지런히 자리 잡히도록 마무리한다.

5

돗바늘에 흰색 면 실을 꿴 후, 원하는 위치에
바늘을 가지고 온다.

6

돗바늘에 실을 3~4회 감는다.

7

한 땀 떨어진 위치에 돗바늘을 넣는다.

8

동그란 매듭이 잘 유지 되도록 실을 당긴다.

9

과정 6~9를 원하는 위치에 반복해서 가시 모
양으로 스티치를 수놓는다.

나뭇잎 수세미 Photo ● p.012

READY

- ● **완성 크기** 11×7cm
- ● **실** 민트색/스티치용 흰색
- ● **바늘** 모사용 코바늘 4/0호

- ● **기타** 돗바늘
- ● **도구와 기법** 78~101쪽 참조

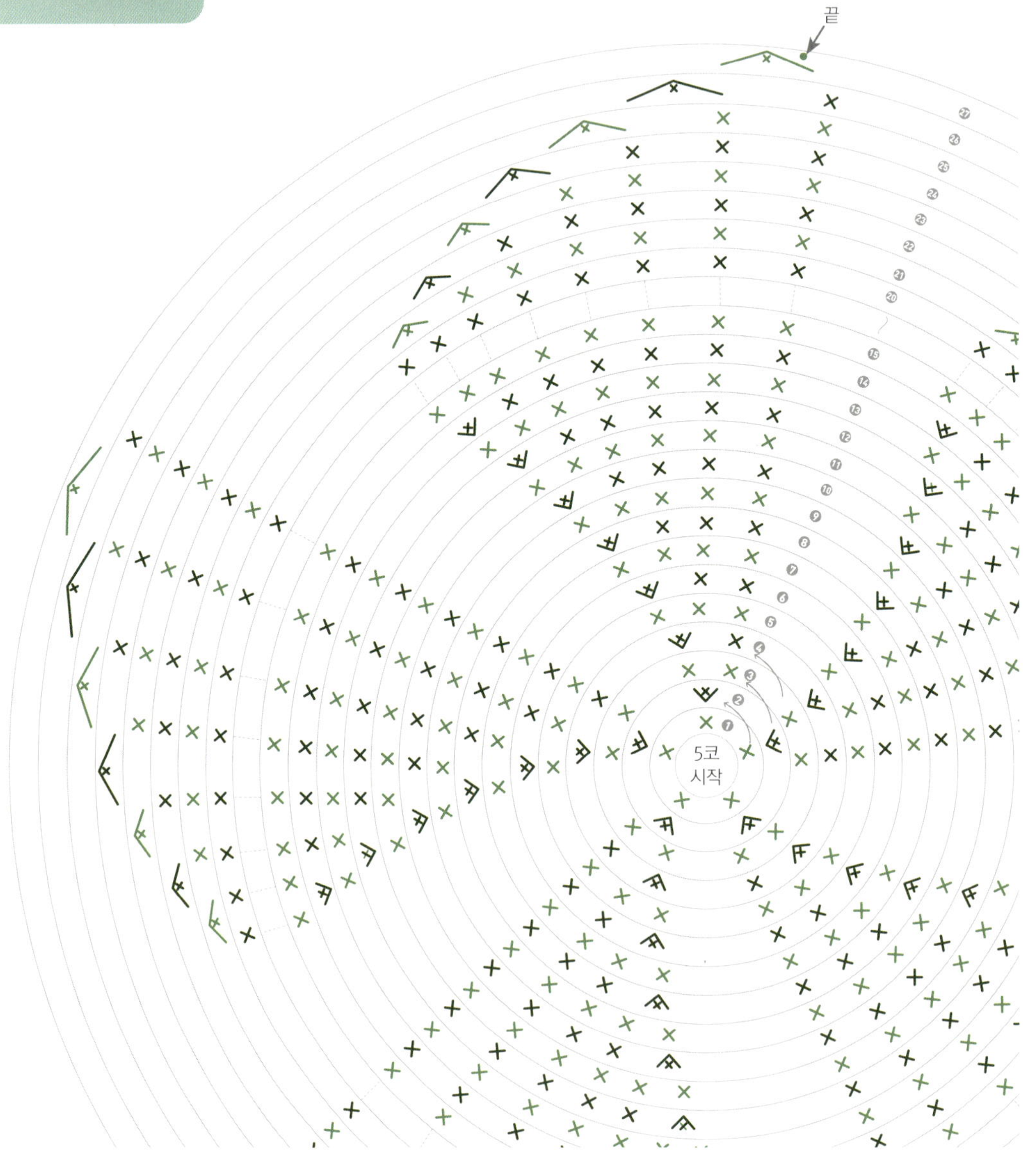

끝

5코
시작

단수	1	2	3	4	5	6	7	8	9	10	11	12	13	14	15~20	21	22	23	24	25	26	27
콧수	5	10	10	15	15	20	20	25	25	30	30	35	35	40	40	35	30	25	20	15	10	5

1

매직링을 만들고 짧은뜨기 5코로 원형뜨기를
시작한다.

2

도안을 참고하여 14단까지 늘리며 짧은뜨기
를 한다.

3

15~20단까지 증감 없이 뜬 후, 줄이면서 끝
까지 뜬다.

4

사슬뜨기 15코를 떠서 고리를 만든다.

5

돗바늘에 흰색 실을 꿴 후, 원하는 위치에서
바늘을 빼낸다.

6

돗바늘을 편물에 대고 실을 감는다.

7

스티치 모양이 잘 유지 되도록 돗바늘을 잡아
당긴다.

8

동일한 방법으로 잎맥을 수놓는다.

9

잎맥이 뻗어나갈 위치를 잡아주며 진행한다.

튜브 수세미 **Photo ● p.014**

READY

- **완성 크기** 지름 9cm
- **실** 흰색, 초록색
- **바늘** 모사용 코바늘 4/0호
- **기타** 돗바늘
- **도구와 기법** 78~101쪽 참조

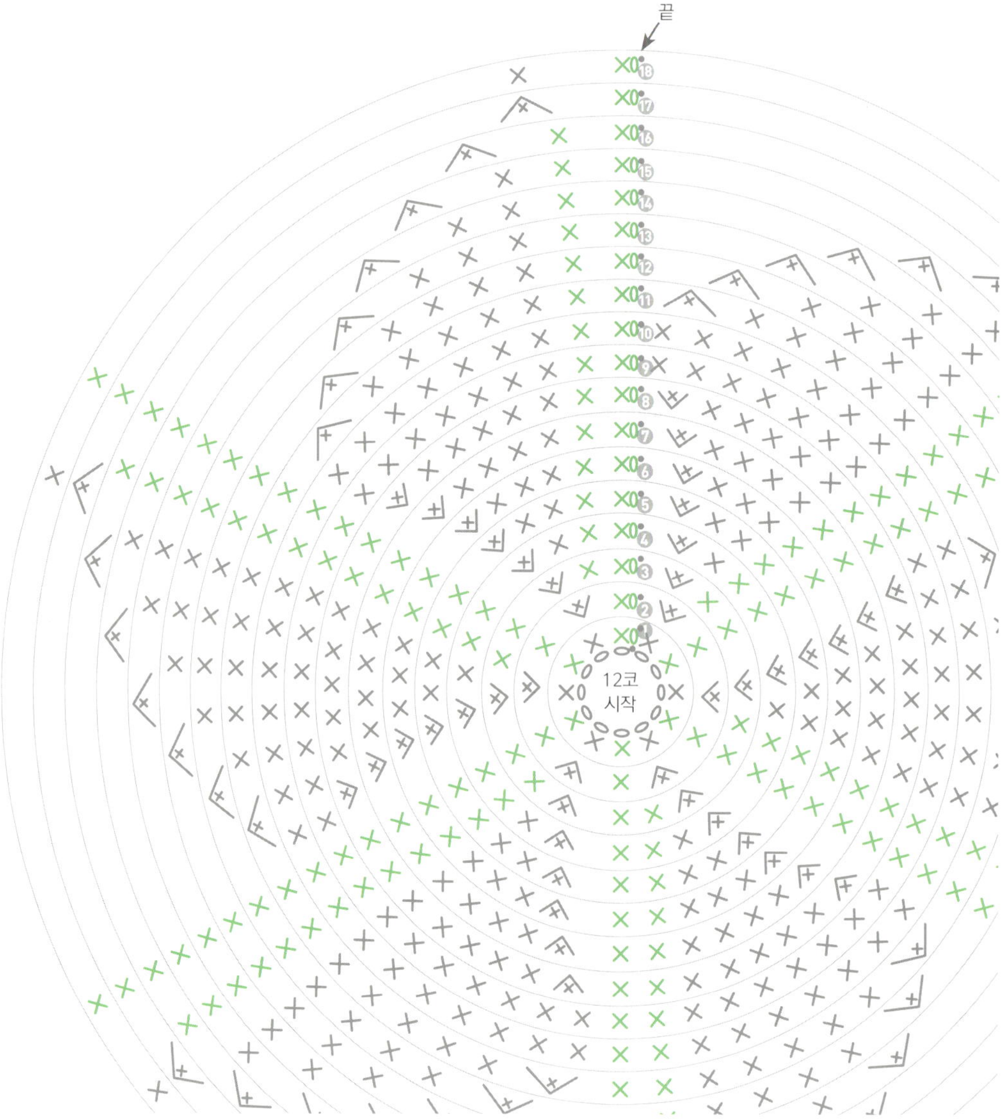

끝

12코
시작

단수	1	2	3	4	5	6	7	8	9	10	11	12	13	14	15	16	17	18
콧수	12	18	24	30	36	42	48	54	54	53	48	42	36	30	24	18	12	12

1

매직링을 만들고, 1코씩 색을 바꾸면서 짧은
뜨기 총 12코로 원형뜨기를 시작한다.

2

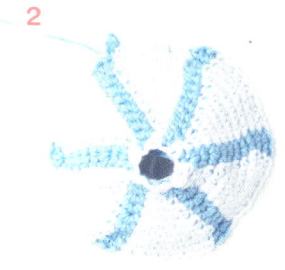

도안을 참고하여 배색하며 9단까지 뜬다.

3

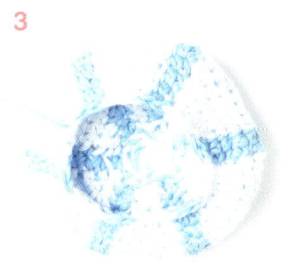

뒷면은 코를 줄이면서 튜브 모양으로 만들면
서 18단까지 뜬다.

4

배색을 마치며 마무리한다.

5

가운데 부분 테두리를 돗바늘로 꿰맨다.

고래 수세미 Photo ● p.015

READY

- **완성 크기** 11×8cm
- **실** 흰색, 하늘색/스티치용 검은색
- **바늘** 모사용 코바늘 4/0호

- **기타** 돗바늘
- **도구와 기법** 78~101쪽 참조

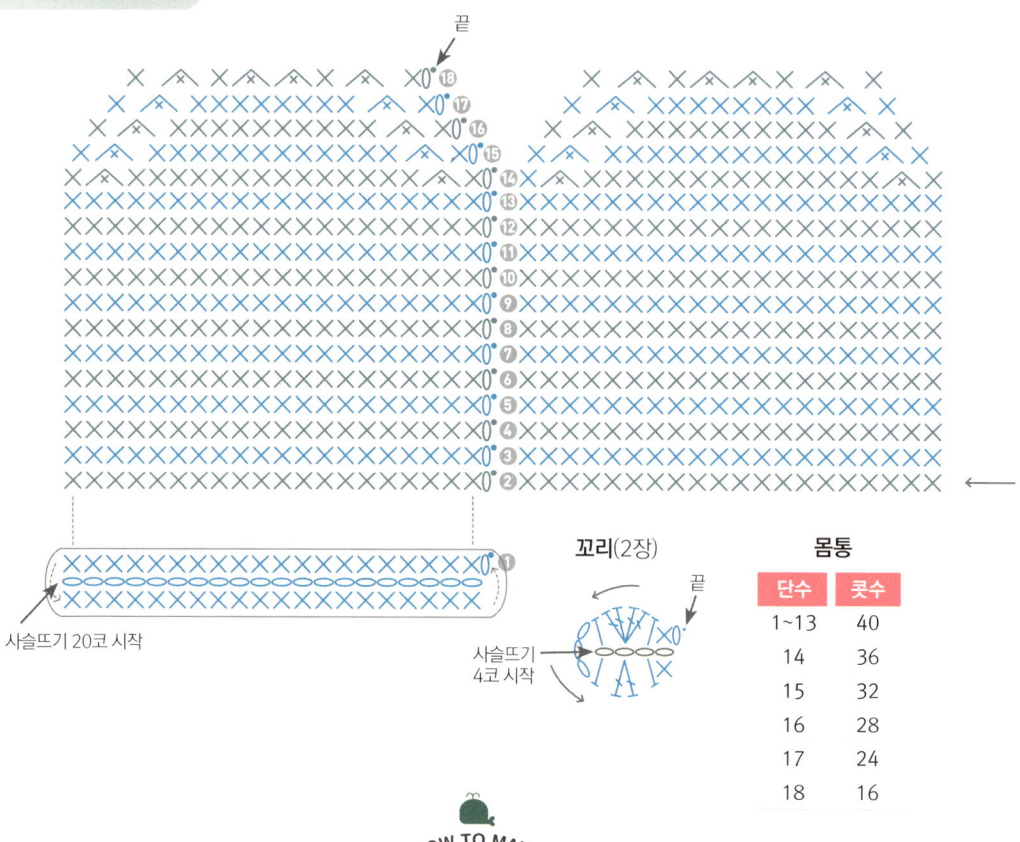

끝

사슬뜨기 20코 시작

꼬리(2장)

끝

사슬뜨기
4코 시작

몸통	
단수	콧수
1~13	40
14	36
15	32
16	28
17	24
18	16

✕ HOW TO MAKE ✕

1

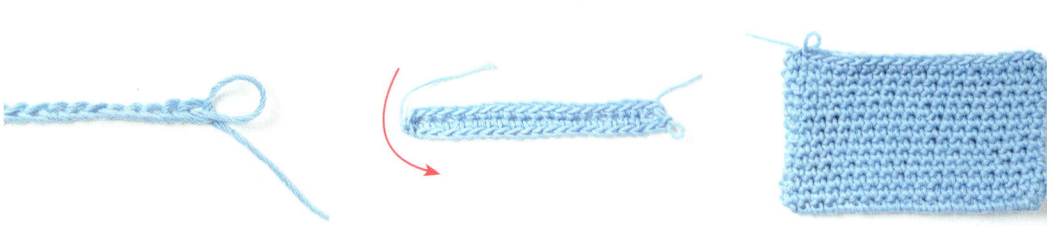

사슬뜨기 20코를 뜬다.

2

기둥코를 세우고(사슬뜨기 1코) 왼쪽 방향으로
짧은뜨기한 후, 계속해서 같은 방향으로 원형
뜨기로 진행한다.

3

13단까지 콧수 변화 없이 몸통 부분을 뜬다.

4

도안을 참고하며 등 부분을 줄인다.

5

등 부분을 돗바늘로 꿰매 고래 몸통을 완성한다.

6

몸통과 같은 색 실로 사슬뜨기 4코를 뜬다.

7

긴뜨기와 한길긴뜨기를 하며 왼쪽 방향으로 진행한다.

8

계속해서 같은 방향으로 원형뜨기한다.

9

한 개를 더 만든 후, 꼬리 끝에 코바늘을 넣어 짧은뜨기로 이어준다.

10

흰색 실로 사슬뜨기 8코를 뜬다.

11

짧은뜨기 1코(기둥코)를 뜨고, 이어서 사슬코 산에 짧은뜨기 4코를 뜬 후 빼뜨기한다.

12

사슬뜨기 4코를 뜬다.

13

짧은뜨기 1고(기둥고)를 뜨고, 이이서 시슬코 산에 짧은뜨기 4코를 뜬다.

14

믈기등을 따라 .사슬코 산에 짧은뜨기하며 마무리한다.

15

물줄기와 꼬리를 달고 고래 눈은 수놓아 마무리한다.(수놓는 법 199쪽 참조)

05
sponge

체크 수세미 How to make ● p.016

READY

- **완성 크기** 10×10cm
- **실** 흰색, 갈색
- **바늘** 모사용 코바늘 4/0호
- **기타** 돗바늘
- **도구와 기법** 78~101쪽 참조

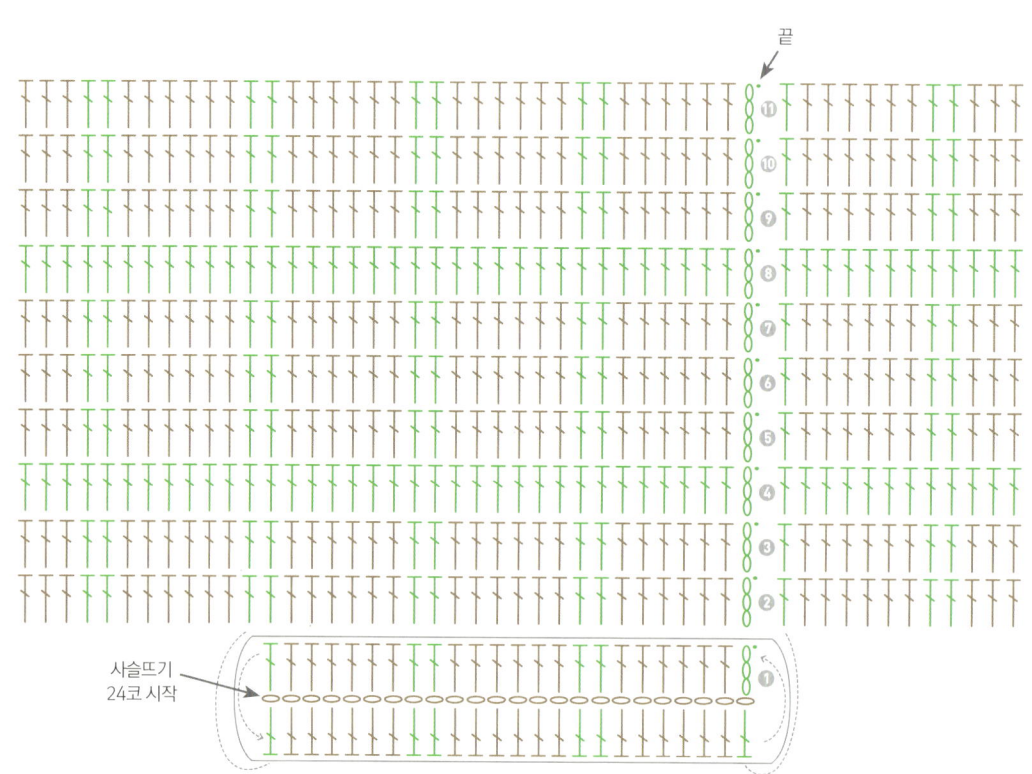

끝

사슬뜨기
24코 시작

1

사슬뜨기 24코를 뜬다.

2

도안을 참고하여 배색하며 한길긴뜨기를 한다.

3

계속해서 같은 방향으로 원형뜨기를 진행한다.

4

계속해서 무늬를 확인하며 7단까지 뜬다.

5

11단을 모두 뜬 후 돗바늘로 끝을 꿰맨다.

6

완성.

버블 필드 도넛 수세미 Photo ● p.017

READY

- **완성 크기** 지름 9cm
- **실** 핑크색, 갈색
- **바늘** 모사용 코바늘 4/0호
- **기타** 돗바늘
- **도구와 기법** 78~101쪽 참조

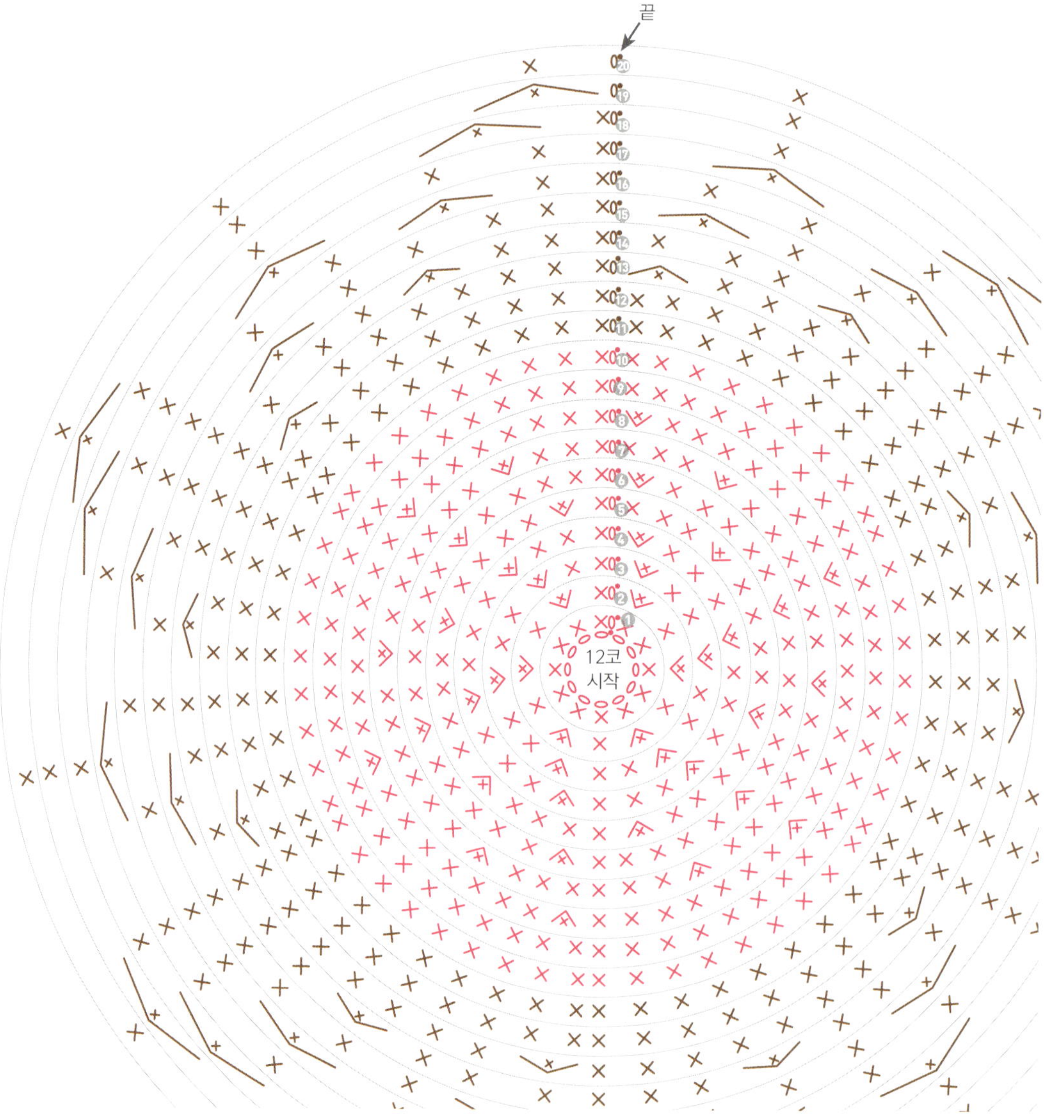

끝

12코
시작

단수	1	2	3	4	5	6	7	8	9	10	11	12	13	14	15	16	17	18	19	20
콧수	12	18	24	30	36	42	48	54	54	54	54	54	48	42	36	30	24	18	12	12

1

사슬뜨기 12코를 떠서 원형뜨기한다.

2

도안을 참고하여 늘리며 짧은뜨기를 한다.

3

10단까지 계속해서 뜬 후, 색을 바꿔 뒷면을
뜬다.

4

코를 줄여가며 뒷면을 뜬다.

5

계속해서 20단까지 뜬 후, 도넛 모양을 확인
하며 마무리한다.

6

가운데 부분 테두리를 돗바늘로 꿰매 마무리
한다.

× TIP 취향에 따라 집에 있는 면 실로 스프링클을
표현해줘도 좋아요.

세모 수세미 Photo ● p.018

READY

● **완성 크기** 9×9cm

● **실** 연두색 혹은 원하는 색

● **바늘** 모사용 코바늘 4/0호

● **도구와 기법** 78~101쪽 참조

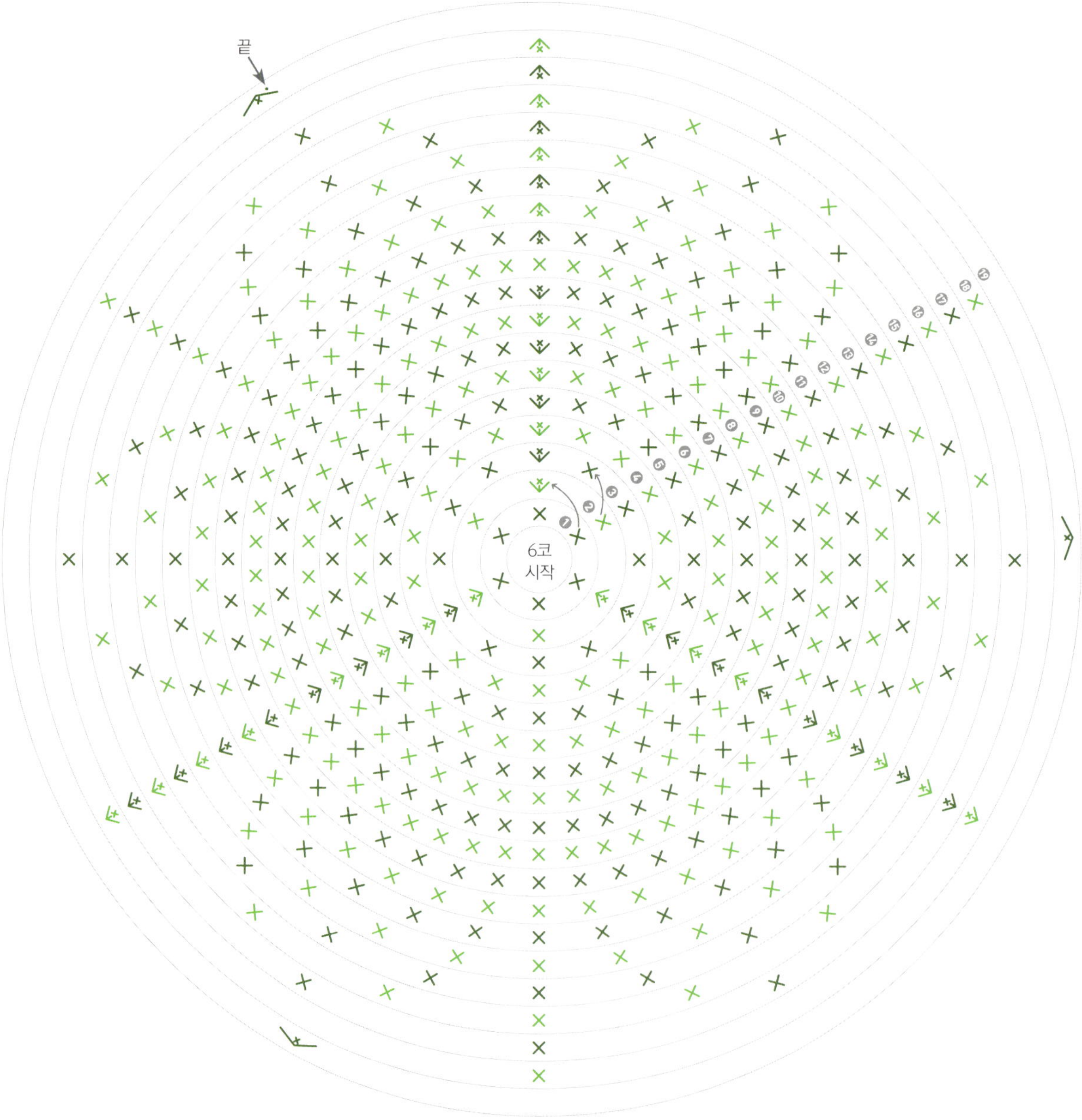

끝

6코
시작

단수	1	2	3	4	5	6	7	8	9	10	11	12	13	14	15	16	17	18	19
콧수	6	12	18	24	30	36	42	48	54	54	48	42	36	30	24	18	12	6	3

1

매직링을 만들고, 짧은뜨기 6코를 떠서 원형 뜨기로 시작한다.

2

도안대로 뜨는데, 빼뜨기 없이 늘리면서 뜬다.

3

계속해서 9단까지 늘리면서 뜨고, 10단은 증 감 없이 뜬다.

4

이어서 줄이면서 뒷면을 뜬다.

5

19단까지 뜬 후, 실 끝을 정리한다.

6

예쁘게 모양을 잡아 마무리한다.

작은 별 수세미 **Photo ● p.019**

READY

- **완성 크기** 지름 12cm
- **실** 노란색
- **바늘** 모사용 코바늘 4/0호
- **기타** 돗바늘
- **도구와 기법** 78~101쪽 참조

별 몸통

단수	콧수
1	5
2	10
3	20
4	30
5	40
6	50

작은 별(2장)

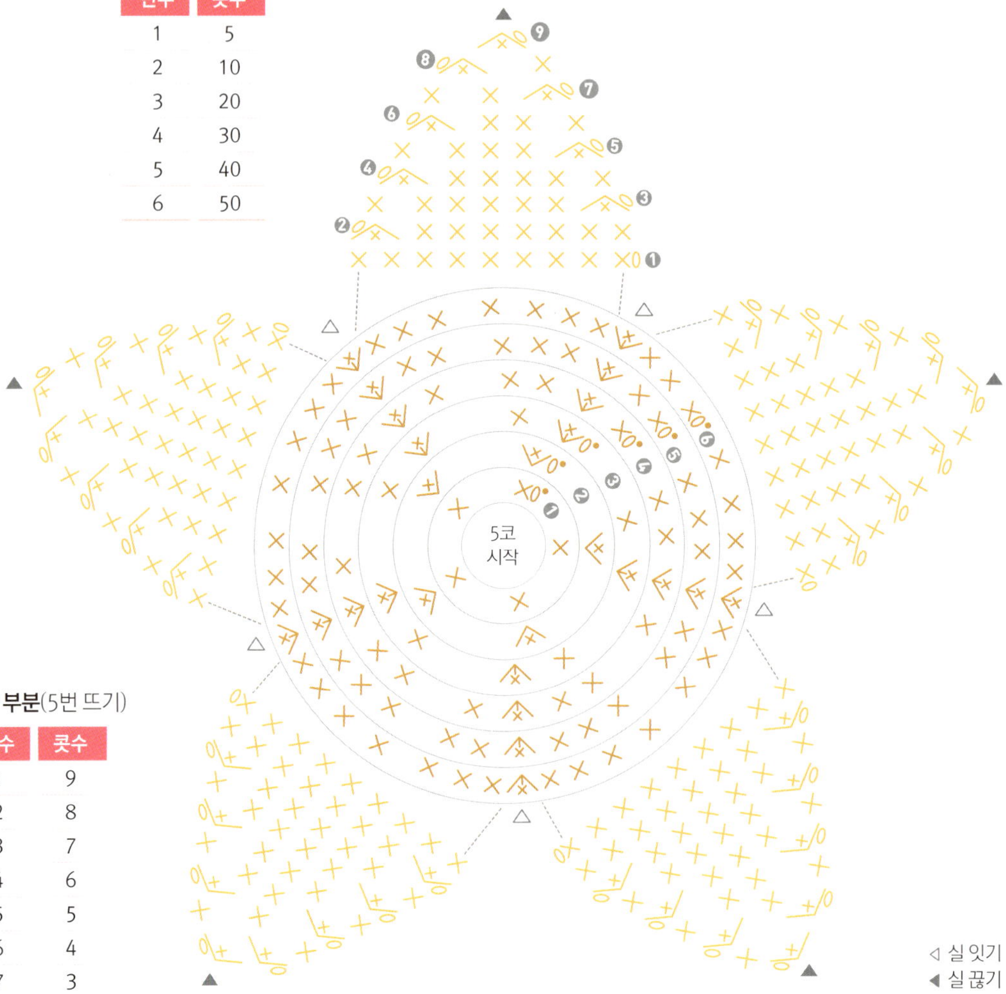

뾰족한 부분(5번 뜨기)

단수	콧수
1	9
2	8
3	7
4	6
5	5
6	4
7	3
8	2
9	1

5코
시작

◁ 실 잇기
◀ 실 끊기

1

매직링을 만들고, 짧은뜨기 10코를 떠서 원형뜨기로 시작한다.

2

도안을 참고하여 오각형 모양이 되도록 늘리면 6단까지 뜬다.

3

오각형의 각 변마다 실을 새로 연결해서 평면뜨기를 한다.

4

앞뒤로 편물을 돌려가며 15단까지 뜬다.

5

다섯 개 중 하나를 뜬 모양.

6

각 변마다 새 실을 가져와 몸통에 연결해 뜨면서 별 모양을 만든다.

7

과정 1~6까지의 동일한 방법으로 한 장을 더 뜬다.

8

두 장의 별 모양 편물을 겹쳐놓고, 동일한 색의 실로 별의 테두리를 돗바늘로 꿰매 마무리한다.

스트라이프 수세미 Photo ● p.020

READY

- **완성 크기** 10×9.5cm
- **실** 아이보리색, 카키색
- **바늘** 모사용 코바늘 4/0호

- **기타** 돗바늘
- **도구와 기법** 78~101쪽 참조

끝

사슬뜨기
22코 시작

1

사슬뜨기 22코를 뜬다.

2

왼쪽으로 짧은뜨기를 진행한다.

3

같은 방향으로 사슬코 반대쪽을 잡으며 원형으로 짧은뜨기 44코를 뜬다.

4

도안을 참고하여 스트라이프 무늬를 넣는다.

5

22단까지 뜨고 실 끝을 정리하며 모양을 잡는다.

6

사슬뜨기 15코를 잡고 사슬코에 짧은뜨기를 한 줄 떠서 고리를 만들어 단다.

야구공 수세미 Photo ● p.022

READY

● **완성 크기** 지름 9cm

● **실** 흰색/스티치용 빨간색

● **바늘** 모사용 코바늘 4/0호

● **기타** 돗바늘

● **도구와 기법** 78~101쪽 참조

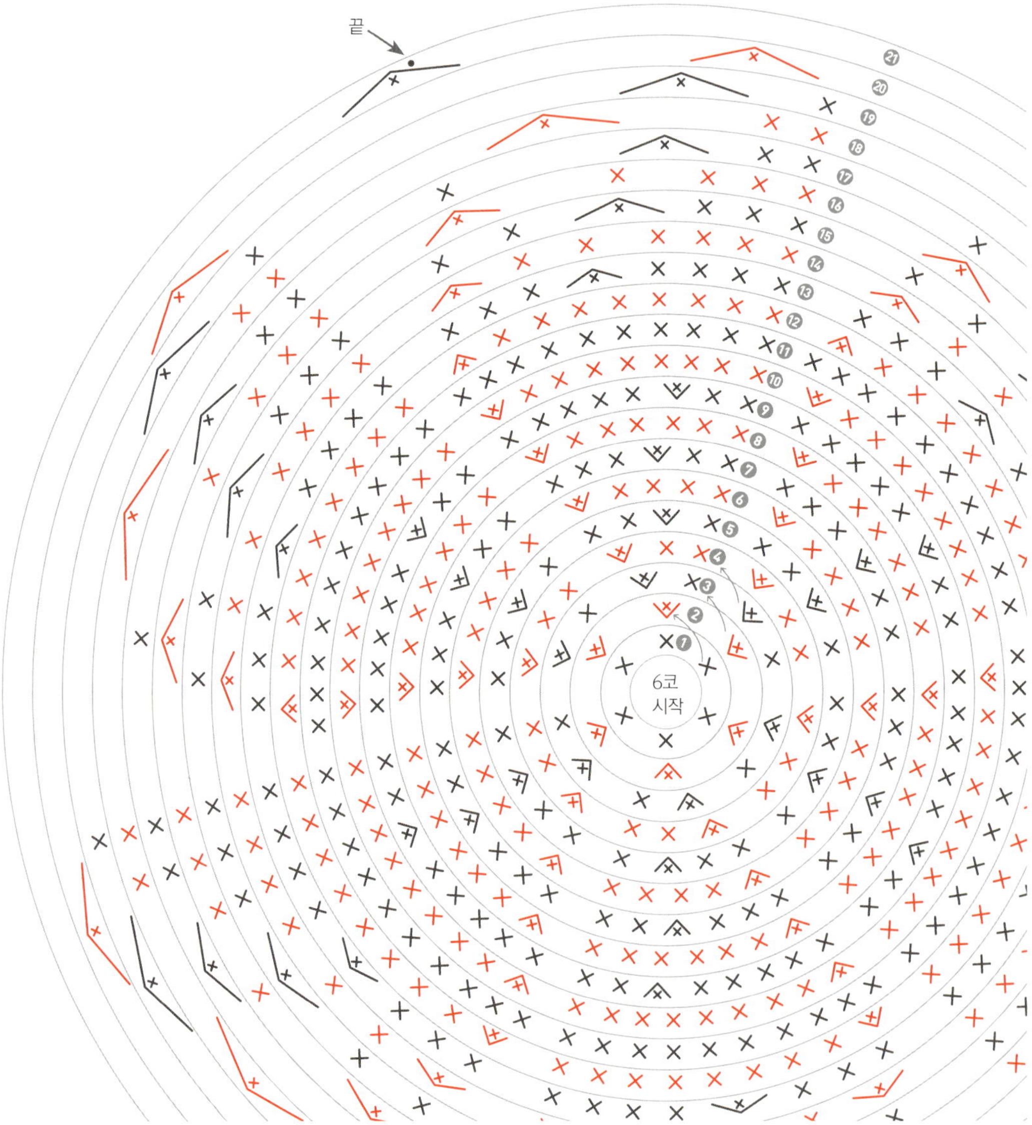

끝

6코
시작

단수	1	2	3	4	5	6	7	8	9	10	11	12	13	14	15	16	17	18	19	20	21
콧수	6	12	18	24	30	36	42	48	54	60	60	54	48	42	36	30	24	10	12	6	3

1

매직링을 만들고, 짧은뜨기 6코를 떠서 원형
뜨기로 시작한다.

2

10단까지 빼뜨기 없이 늘린다.

3

11단은 증감 없이 짧은뜨기한다.

4

이어서 줄이면서 뒷면을 뜬다.

5

21단까지 뜬 후, 실 끝을 정리한다.

6

돗바늘에 실을 꿰어 아래쪽부터 시작한다.

7

진행하고자 하는 방향으로 바늘을 빼낸다.

8

크게 곡선을 그리며 스티치를 수놓는다.

9

길게 세로줄을 만들어 마무리한다.

럭비공 수세미 Photo ● p.023

READY

- **완성 크기** 10×7cm
- **실** 흰색, 주황색/스티치용 흰색
- **바늘** 모사용 코바늘 4/0호
- **기타** 돗바늘
- **도구와 기법** 78~101쪽 참조

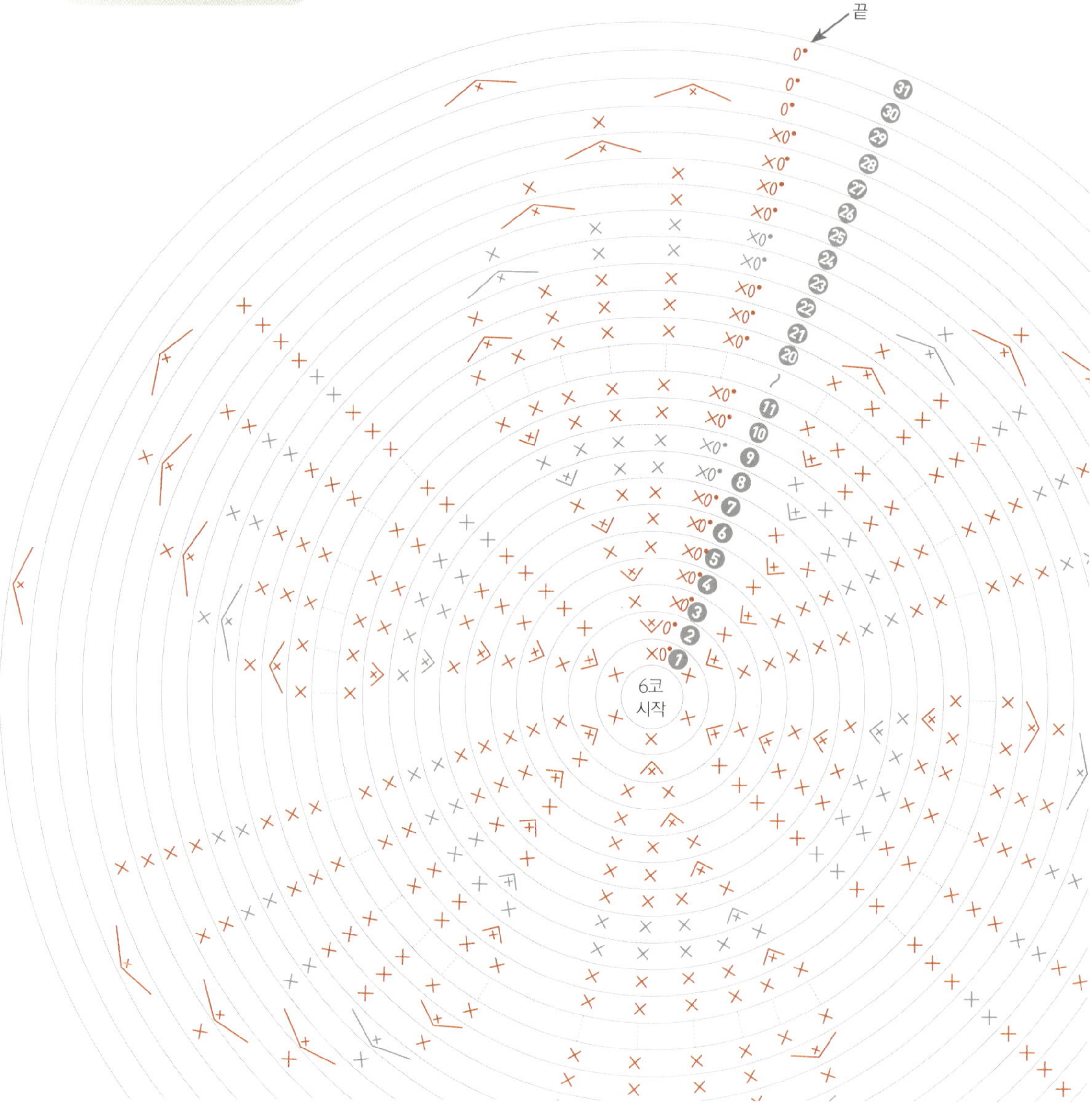

끝

31
30
29
28
27
26
25
24
22
21
20

11
10
9
8
7
6
5
4
3
2
1

6코
시작

단수	1	2	3	4	5	6	7	8	9	10	11~20	21	22	23	24	25	26	27	28	29	30
콧수	6	12	12	18	18	24	24	30	30	36	36	30	30	24	24	18	18	12	12	6	3

1

매직링을 만들고, 짧은뜨기 6코를 떠서 원형 뜨기로 시작한다.

2

도안을 참고하여 늘리면서 뜨는데, 중간에 흰색 줄무늬 2단을 뜬다.

3

몸통이 되는 부분 11~20단은 짧은뜨기로 증감 없이 뜬다.

4

도안을 참고하여 줄이면서 뜨는데, 중간에 흰색 줄무늬 2단을 뜬다.

5

실 끝을 정리하며 모양을 잡는다.

6

흰색 면 실을 돗바늘에 꿰어 스티치를 넣고 마무리한다.

12-15
sponge

동물 수세미 꿀꿀이, 삐약이, 곰곰이, 뒤뚱 펭귄 Photo ● p.024

READY

- **완성 크기** 10×9cm
- **실** 핑크색/스티치용 검은색
- **바늘** 모사용 코바늘 4/0호

- **기타** 돗바늘
- **도구와 기법** 78~101쪽 참조

꿀꿀이 귀(2개)

삐약이 날개

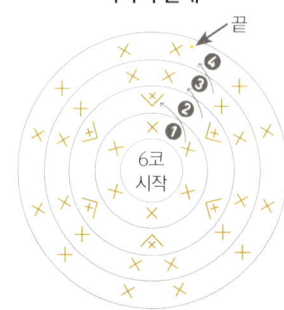

곰곰이 입

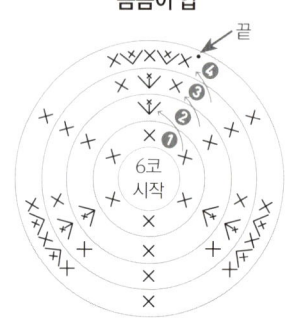

꿀꿀이 코

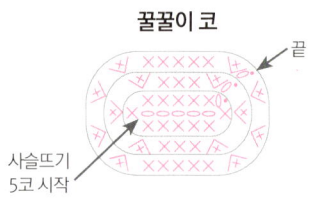

사슬뜨기
5코 시작

삐약이 입

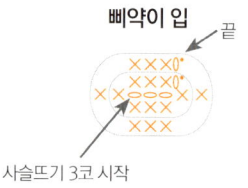

사슬뜨기 3코 시작

곰곰이 귀

뒤뚱 펭귄 날개(2장)

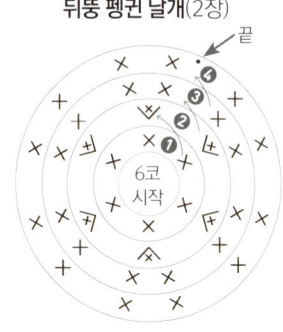

뒤뚱 펭귄 배

사슬뜨기
13코 시작

뒤뚱 펭귄 입

사슬뜨기
4코 시작

꿀꿀이 귀		꿀꿀이 코	
단수	콧수	단수	콧수
1	6	1	12
2	12	2	18
3~4	12	3	26

곰곰이 입		곰곰이 귀	
단수	콧수	단수	콧수
1	6	1	6
2	12		
3	18	2	12
4	24		

뒤뚱 펭귄 날개		뒤뚱 펭귄 배	
단수	콧수	단수	콧수
1	6	1~12	13
2~4	12	13	11
		14	12

삐약이 날개		삐약이 입	
단수	콧수	단수	콧수
1	6	1	8
2	12		
3~4	12	2	8

※ 동물 수세미 몸통은 '1. 선인장 수세미' 몸통과 같다.

검은색 실로
눈을 수놓는다

돗바늘로 배, 날개,
입을 꿰매어 단다

귀, 코를 돗바늘로
꿰매어 단다

검은색 실로 눈, 코를 수 놓는다

검은색 실로
눈을 수 놓는다

입과 날개를 돗바늘로
꿰매어 단다

귀, 코를 돗바늘로
꿰매어 단다

검은색 실로
눈, 코를 수 놓는다

HOW TO MAKE

1

매직링을 만들고, 짧은뜨기 6코를 떠서 원형
뜨기로 시작한다.

2

도안대로 늘려가며 짧은뜨기를 한다.

3

증감 없이 몸통을 26단까지 뜬다. (104~105
쪽 '01. 선인장 수세미' 몸통 도안 참조)

4

코와 귀 두 장을 도안을 참고해 뜬다.

5

예쁜 인상이 되도록 자리를 잡는다.

6

돗바늘로 귀를 달고 검은색 면 실을 이용하여
눈과 코를 수놓는다. (수놓는 법 199쪽 참조)

16 sponge

꽃잎 모티브 수세미 Photo ● p.028

READY

- **완성 크기** 꽃잎 1개: 지름 약 5cm
- **실 꽃잎** 흰색, 연핑크, 베이지, 노랑, 인디핑크, 펄핑크, 보라
  꽃술 소라, 베이비, 형광연두, 녹색, 노랑, 초록, 진베이지
- **바늘** 모사용 코바늘 6/0호
- **기타** 돗바늘
- **도구와 기법** 78~101쪽 참조

꽃잎

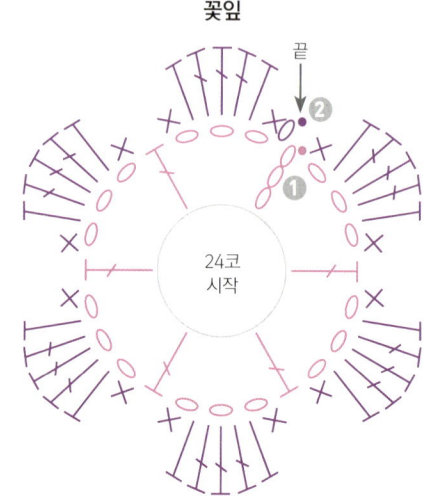

24코
시작

모티브 연결

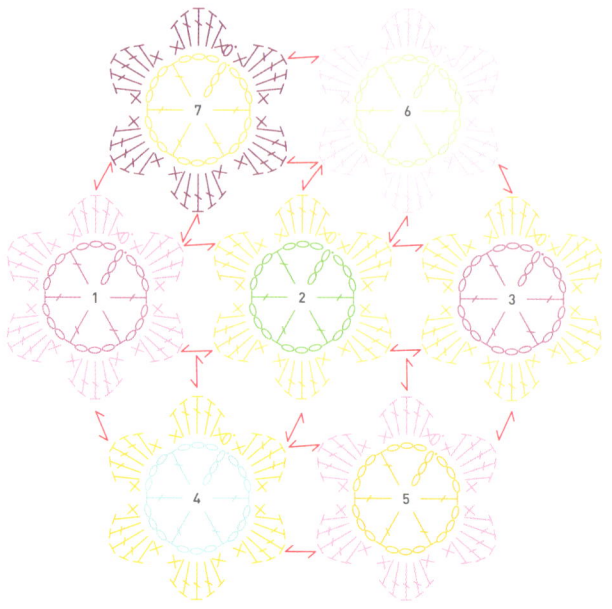

1

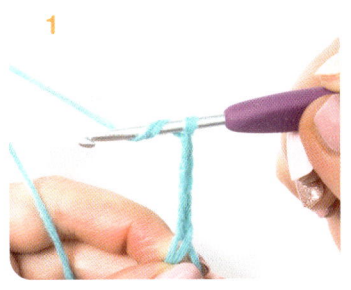

매직링을 만들고 기둥코(사슬뜨기 3코)와 사슬
뜨기 3코를 연속해서 뜬다.

2

이어서 한길긴뜨기 1코를 뜬다.

3

도안을 참고해 1단 마무리 전까지 뜬다.

4

1단의 기둥코 세 번째 코에 빼뜨기한다.

5

색을 바꿔서 2단을 뜨면 1번째 꽃잎 완성.

6

2번째 꽃잎의 2단 중간까지 뜬다.

7

1번째 꽃잎의 사슬코에 연결해서 1코 뜬다.

8

이어서 꽃잎의 튀어나온 부분에 한 번 더 연
결한다.

9

나머지 꽃잎 3~7은 원하는 색상으로 배합하
고, 다른 꽃잎과 연결하면서 한 번에 뜬다.

✕**모티브 연결 팁:** 두 번째 한길긴뜨기를 뜨기 전에 연결하려는 꽃잎에 바늘을 끼운 후 한길긴뜨기를 하면서 바로 연결한다.

층층 꽃 수세미 Photo ● p.030

READY

- **완성 크기** 지름 11cm
- **실 꽃심** 흰색
    꽃잎 베이지, 연핑크
    뒤판·잎 라이트 그린
- **바늘** 모사용 코바늘 6/0호
- **기타** 돗바늘
- **도구와 기법** 78~101쪽 참조

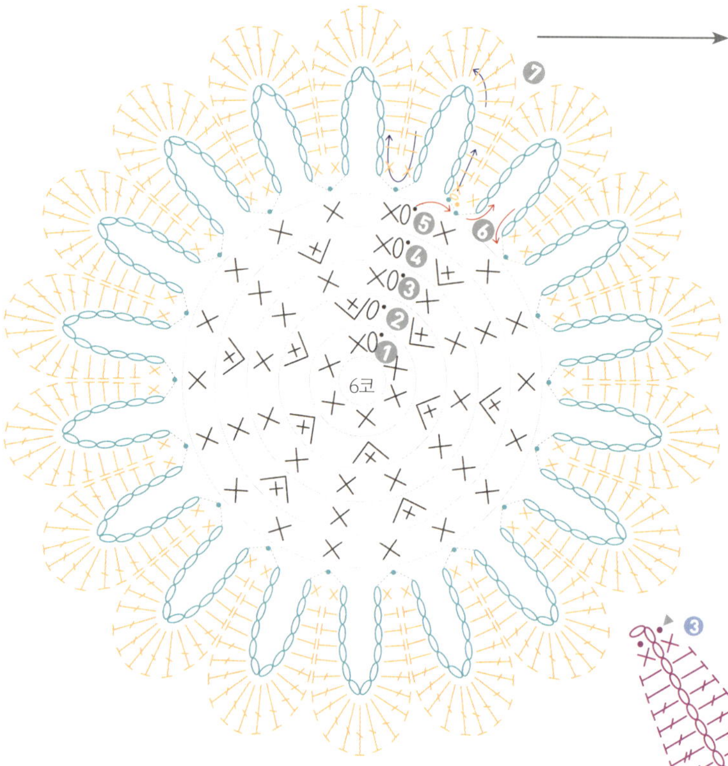

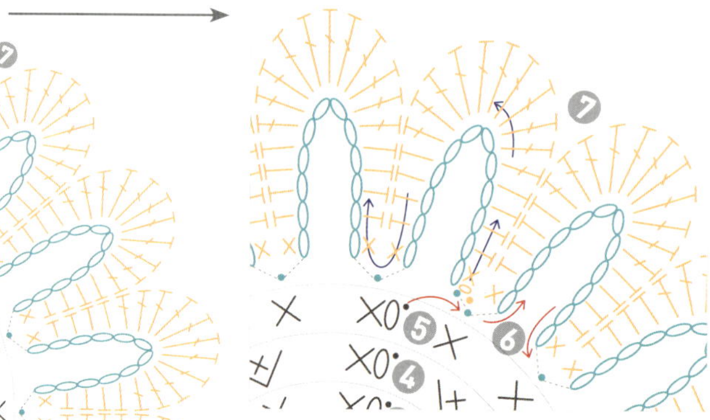

6코

몸판

단수	콧수
1	6
2	12
3	12
4	18
5	18

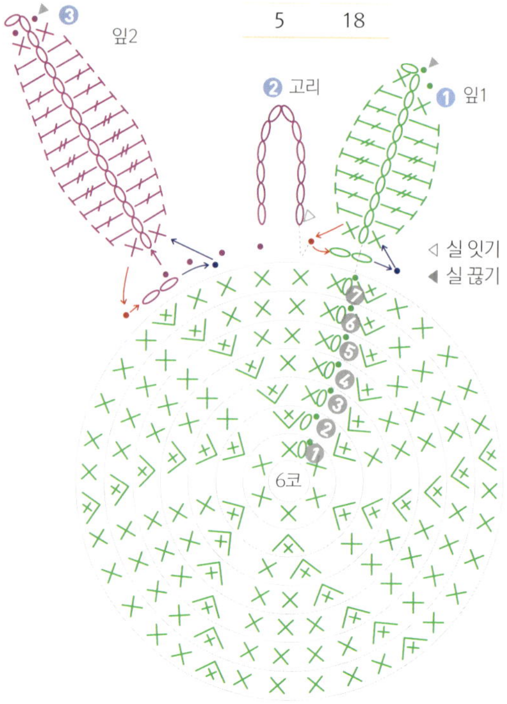

잎2

❸

❷ 고리

❶ 잎1

◁ 실 잇기
◀ 실 끊기

6코

18개의 꽃잎은
한 방향으로 겹쳐서
정렬한다

뒤판

단수	콧수
1	6
2	12
3	18
4	24
5	30
6	36
7	42

1

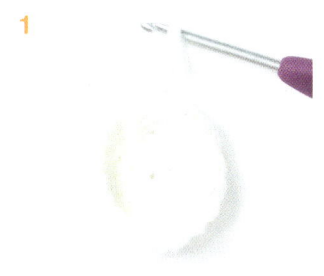

매직링을 만들고, 기둥코(사슬뜨기 1코)와 짧
은뜨기 6코로 1단을 시작해서 5단까지 뜬다.
이때, 새로운 실을 연결하기 위해 빼뜨기는
하지 않고 둔다.

2

5단의 기둥코에 새로운 실
을 걸어와서 빼뜨기한다.

3

편물을 뒤집어 사슬뜨기 12코를 뜬다.

4

다음 코에 빼뜨기를 해서 고리를 만든다. 과
정 3~4를 반복해 총 18개의 고리를 만들어 6
단을 완성한다.

5

만들어 놓은 고리에 도안을 참고해 18개의
꽃잎을 뜬다.

6

18개의 꽃잎을 가지런하게 한 방향으로 겹쳐
서 사진처럼 정렬한다.

7

도안을 참고해 뒤판을 7단까지 뜬 후, 사슬뜨
기 10코를 뜬다.

8

잎을 뜬다.

9

가지런히 정렬해 놓은 꽃에 뒤판을 대고 꽃잎
하나하나 시침질로 고정해 수세미를 완성한다.

회오리 꽃 수세미 Photo ● p.032

READY

- **완성 크기** 지름 9cm
- **실** 꽃잎 피치색, 중간 갈색
  꽃받침 흰색

- **바늘** 모사용 코바늘 6/0호
- **기타** 돗바늘
- **도구와 기법** 78~101쪽 참조

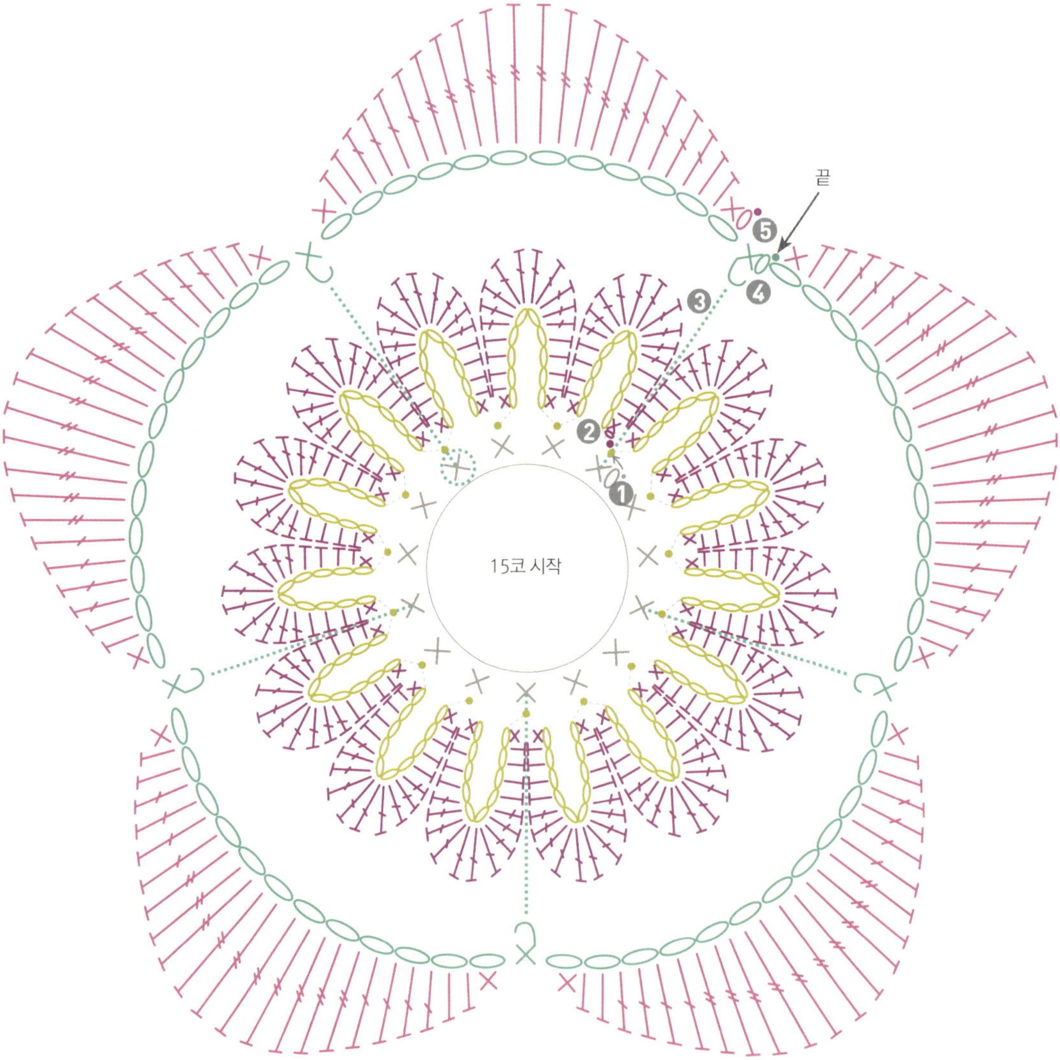

끝

⑤ ④ ③ ② ①

15코 시작

1

매직링을 만들고, 기둥코(사슬뜨기 1코)와 짧은뜨기 15코로 1단을 완성한다.

2

(빼뜨기 1코, 사슬뜨기 10코, 빼뜨기 1코)×15회를 반복해 15개의 고리를 만든다.

3

도안을 참고해서 만들어 놓은 고리에 15개의 꽃잎을 뜬다.

4

떠 놓은 꽃잎을 위쪽으로 모아 사진처럼 모양을 잡는다.

5

편물을 뒤로 돌려 흰색 실로 1단에 바늘을 넣는다.

6

짧은뜨기 뒤걸어뜨기 1코를 뜬다.

7

사슬뜨기 12코를 뜬다.

8

도안을 참고해 다음 3번째 코에 짧은뜨기 뒤걸어뜨기 1코를 뜬다. 이어서 도안을 참고해 꽃받침의 꽃잎을 떠서 완성한다.

고리 장미 수세미 Photo ● p.033

READY

● **완성 크기** 지름 12cm

● **실 단색 장미** 흰색

　　색색 장미 연노랑, 연주황, 주황

● **바늘** 모사용 코바늘 6/0호

● **기타** 돗바늘

● **도구와 기법** 78~101쪽 참조

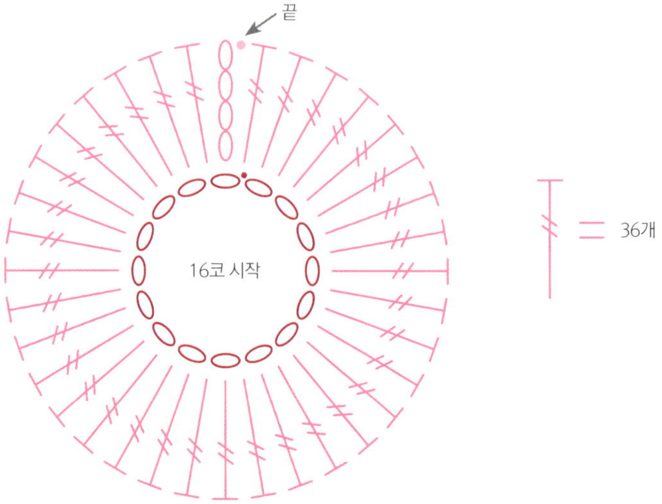

끝

16코 시작

│
││ ≡ 36개

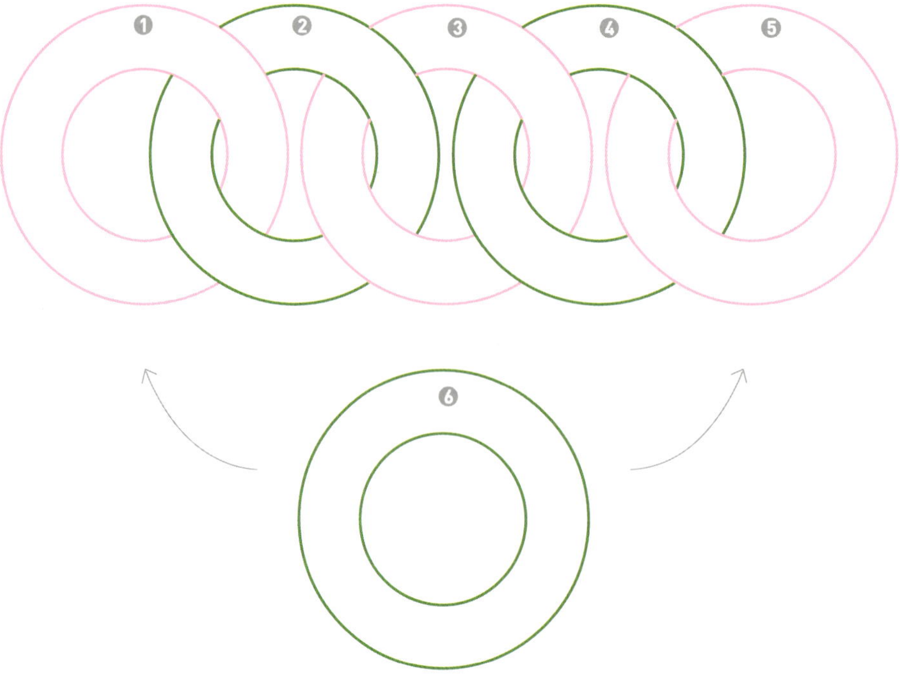

❶　❷　❸　❹　❺

❻

1

사슬뜨기 16코를 뜬 후, 첫 코에 빼뜨기를 해서 원형을 만든다. 원형코에 기둥코(사슬뜨기 4코)와 두길긴뜨기 35코를 떠서 동그란 꽃잎 1을 완성한다.

2

꽃잎 2는 사슬뜨기 16코를 떠서 준비한다.

3

과정 2에서 뜬 꽃잎 2를 꽃잎 1 안에 넣는다.

4

꽃잎 2에서 사슬뜨기 16코를 뜬 첫코에 빼뜨기를 해서 링고리를 만든다.

5

링고리에 기둥코(사슬뜨기 4코)와 두길긴뜨기 35코를 떠서 꽃잎 2를 완성한다.

6

꽃잎 3,4,5도 3의 방법처럼 앞에서 뜬 꽃잎에 걸어 뜬다.

7

마지막 꽃잎을 뜨기 위해 편물을 동그랗게 말아서 잡는다.

8

사슬뜨기 16코를 꽃잎 5와 1에 동시 걸어서 뜬다.

9

꽃잎 6까지 뜬 후, 꽃잎을 잘 정리해서 마무리한다.

돌돌 장미 수세미 Photo ● p.034

READY

- **완성 크기** A: 지름 9cm, B: 지름 11cm
- **실** 흰색, 피치색
- **바늘** 모사용 코바늘 6/0호
- **기타** 돗바늘
- **도구와 기법** 78~101쪽 참조

A(작은 사이즈)

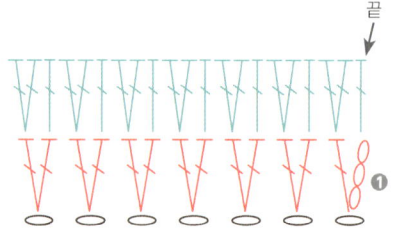

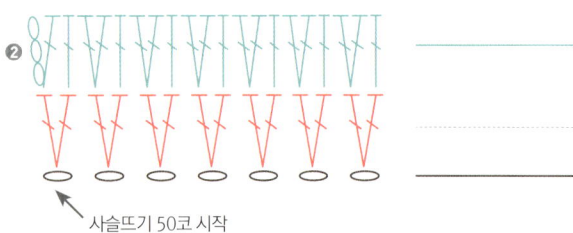

↖ 사슬뜨기 50코 시작

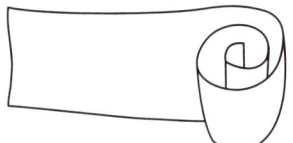

떠 놓은 조직을 돌돌 말아서
꽃을 만든다

단수	콧수	
	A(작은 사이즈)	B(큰 사이즈)
시작	50	60
1단	100	120
2단	150	180

1

사슬뜨기 50코(60코)를 잡아서 도안대로 뜬다.

2

장미 모양의 형태로 돌돌 말아주는데, 사진처럼 편물을 잡는다.

3

오른쪽 끝에서 시작해서 돌돌 말아준다.

4

모양을 잡으면서 장미꽃 형태로 만드는 과정.

5

원하는 형태로 만들었다면, 돗바늘에 실을 꿰어 준비한다.

6

편물을 뒤로 돌려 꽃 모양을 고정하면서 시침질로 꿰매면 완성.

21 sponge

튤립 수세미 Photo ● p.036

READY

- **완성 크기** 9×10cm
- **실 꽃** 노랑, 주황, 진분홍
  잎 연두, 초록, 청록
- **바늘** 모사용 코바늘 6/0호
- **기타** 돗바늘
- **도구와 기법** 78~101쪽 참조

A 몸판&꽃잎

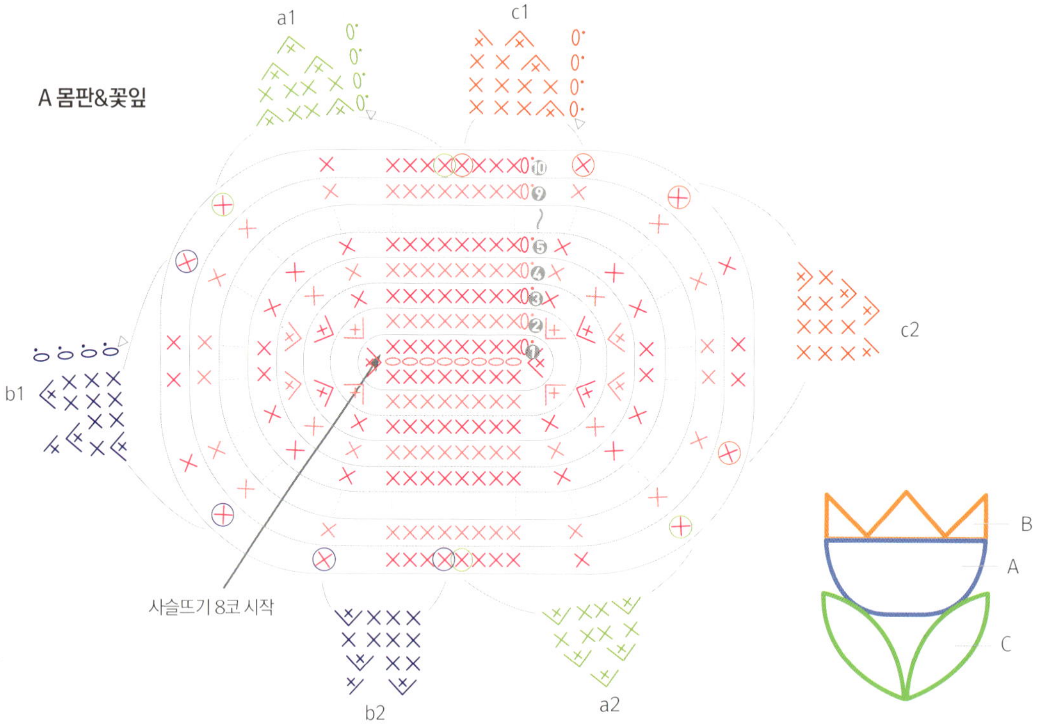

a1
c1
c2
b1

사슬뜨기 8코 시작

b2
a2

B
A
C

B 꽃잎 뜨기

b
a
c

b2 · a2 · c2
b1 · a1 · c1

b1 시작 · a1 시작 · c1 시작 · 10단

앞 5코+뒤 5코 · 앞 6코+뒤 6코 · 앞 5코+뒤 5코
10코 · 12코 · 10코

사슬뜨기 33코 시작

끝

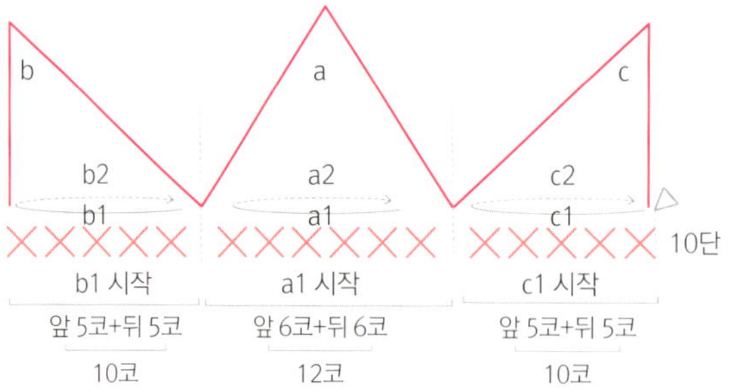

C 잎

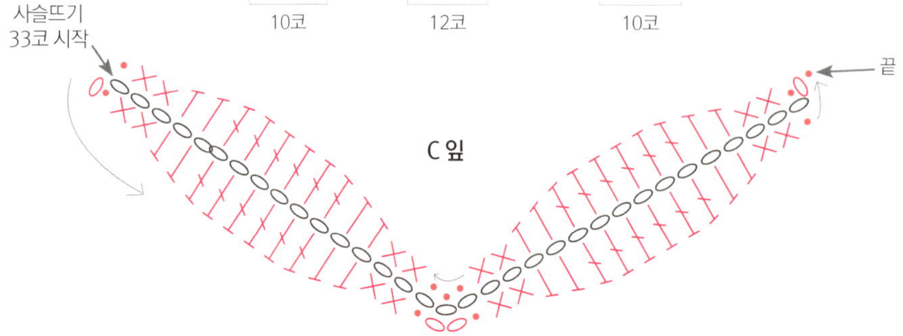

1

사슬뜨기 8코로 시작, 도안을 참고해 10단까지 뜬다. 가운데 뾰족하게 솟은 부분을 뜨기 위해 세 등분하여 표시링을 끼워 놓는다.

2

10단에 이어서 a1 부분은 도안을 참고해 뜬다.

3

편물을 뒤집는다.

4

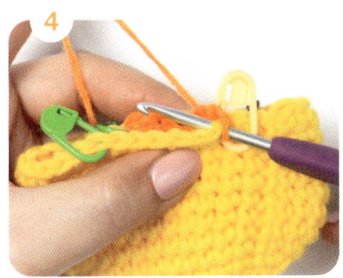

앞단에 연결해 a2를 뜬다.

5

가운데 부분 앞뒤로 1단 모두 뜬 모습.

6

다시 편물을 뒤집는다.

7

1단 기둥코에 빼뜨기로 마무리하고 2단을 뜬다.

8

가운데 부분 완성한 모습. 양옆도 과정 2~7을 참고해서 뜬다. 잎은 도안을 참고해서 뜬 후 몸통에 연결해서 시침질로 붙여준다.

구름 수세미 Photo ● p.036

READY

- **완성 크기** 12×9cm
- **실** 흰색, 소라색
- **바늘** 모사용 코바늘 6/0호
- **기타** 돗바늘
- **도구와 기법** 78~101쪽 참조

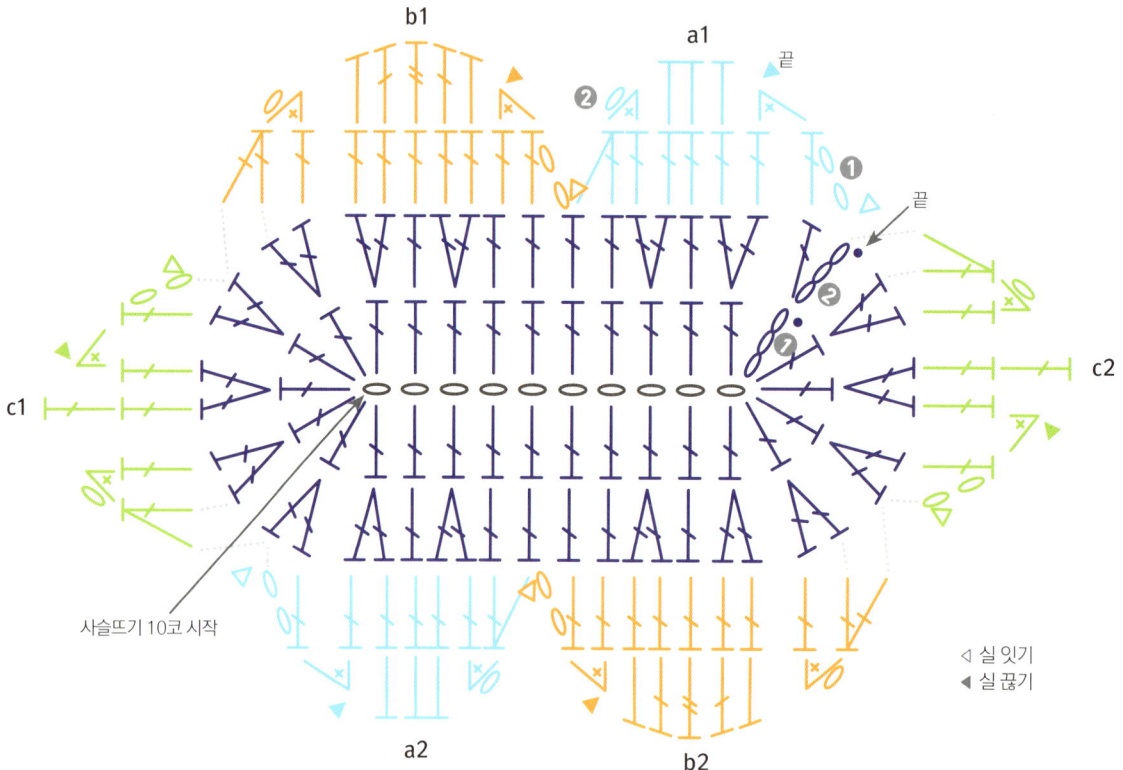

b1

a1

끝

❷

❶

끝

c1

c2

사슬뜨기 10코 시작

a2

b2

◁ 실 잇기
◀ 실 끊기

1

사슬뜨기 10코를 뜬 후, 도안을 참고하여 2단
까지 뜬다.

2

기둥코(사슬뜨기 2코)를 세우고 구름 모양 1단을
시작한다.

3

a1 구름 모양 1단을 뜬다.

4

편물을 뒤집는다.

5

도안을 참고해 구름 모양 2단을 뜬다.

6

구름 모양 a1 완성.

7

나머지 구름 모양도 과정 2~6과 도안을 참고해
서 뜬다.

23
sponge

카네이션 수세미 Photo ● p.038

READY

- **완성 크기** 지름 8cm
- **실 꽃** 빨간색, 진분홍색
  꽃받침 초록색, 회색
- **바늘** 모사용 코바늘 6/0호
- **기타** 돗바늘
- **도구와 기법** 78~101쪽 참조

꽃

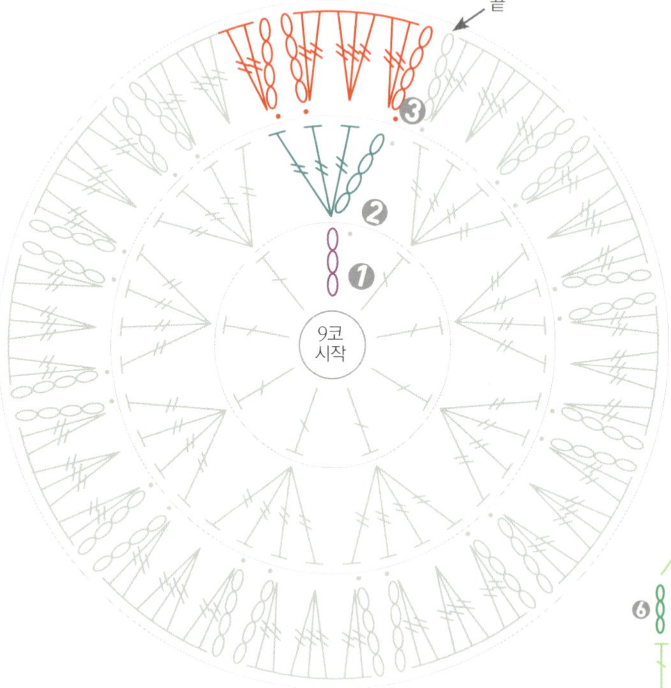

끝

③

②

①

9코
시작

뒤판

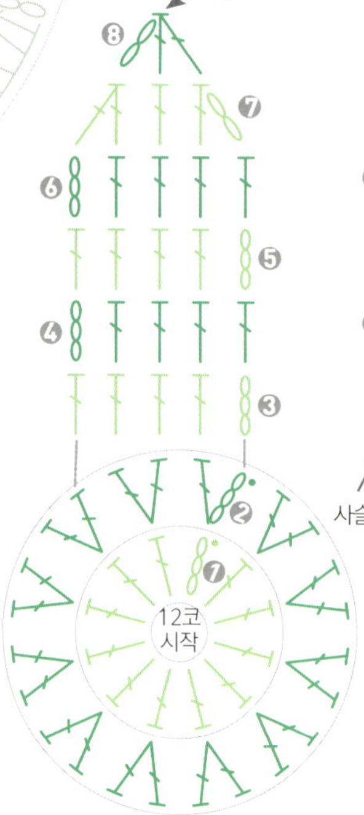

잎

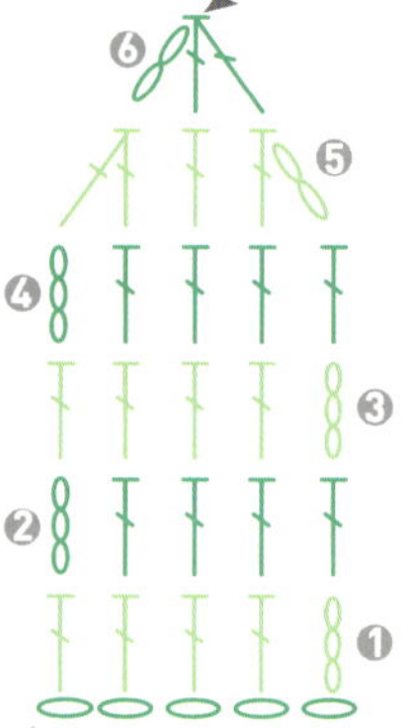

끝

끝

⑧

⑥

⑦

⑤

⑥

④

⑤

③

④

②

③

①

사슬뜨기 5코 시작

②

①

12코
시작

고리

1

몸통은 매직링을 만들어서 기둥코(사슬뜨기 3 코)와 한길긴뜨기 8코를 떠서 시작하고, 도안 을 참고해 2단까지 뜬다.

2

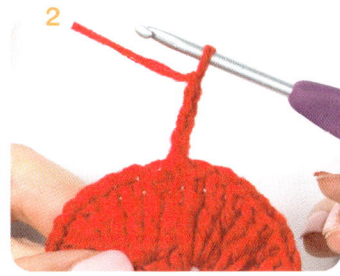

기둥코(사슬뜨기 4코)를 뜬다.

3

같은 코에 두길긴뜨기 1코를 더 뜬다.

4

다시 같은 코에 두길긴뜨기 1코를 더 뜨고, 다음 코에 3코, 그 다음 코에 2코를 각각 뜬 다. 마지막으로 사슬뜨기 4코를 뜬다.

5

같은 코에 빼뜨기한다.

6

과정 2~4까지 꽃잎 1장이다. 총 12번을 반복 해 12장의 꽃잎을 만든다. 펼쳐진 꽃잎을 안 쪽으로 모으며 카네이션 모양을 잡은 후, 돗바 늘에 실을 꿰서 시침질로 꽃 모양을 만든다.

7

카네이션 뒤판 도안을 참고해 2단까지 뜬 후, 실을 끊지 않은 상태에서 바로 잎을 뜬다. 나 머지 잎 1개와 고리를 떠서 뒷면에 시침질해 서 붙인다.

투톤 카네이션 수세미 Photo ● p.039

READY

- ● **완성 크기** 지름 9cm
- ● **실 꽃** 흰색, 연핑크, 중간핑크, 연노랑, 소라
  꽃대·고리 연그림, 연소라
- ● **바늘** 모사용 코바늘 6/0호
- ● **기타** 돗바늘
- ● **도구와 기법** 78~101쪽 참조

카네이션

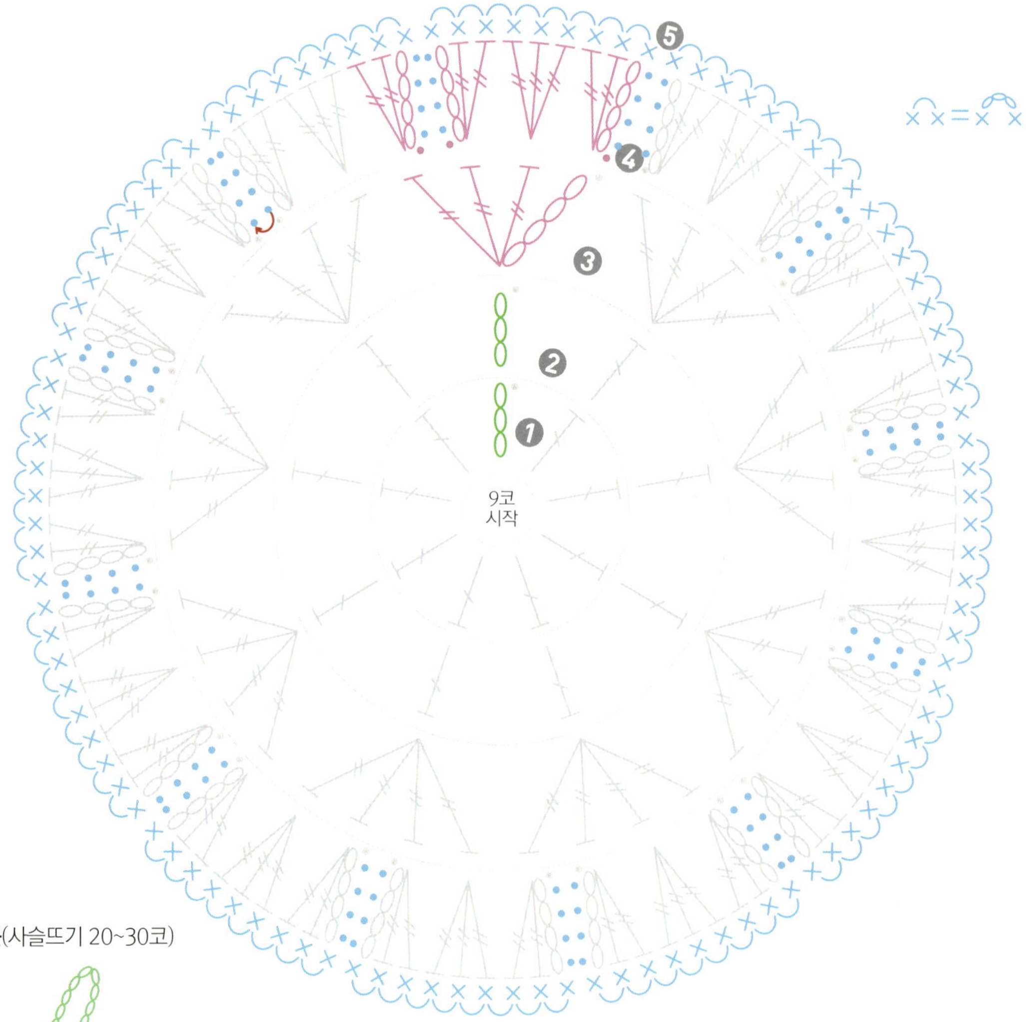

❺
❹
❸
❷
❶

× × = × ⌒ ×

9코
시작

끈(사슬뜨기 20~30코)

고리는 만든 후
밑부분을 여러 번 묶어
빠지지 않도록 만든다

1

매직링을 만들고 기둥코(사슬뜨기 3코)와 한길
긴뜨기 8코로 1단을 시작한다. 도안을 참고
해 2단까지 떠서 꽃대를 완성한다.

2

도안을 참고해 끈을 뜬 후, 사진처럼 끝부분
은 매듭지어 놓는다.

3

꽃대 안쪽으로 바늘을 넣는다.

4

사진처럼 끈을 꽃대 안쪽으로 빼낸다.

5

꽃잎 색(흰색)으로 꽃대에 이어서 4단까지 뜬
다. 이때 다른 색 실로 바꾸기 위해 빼뜨기는
하지 않고 둔다.

6

다른 색(주황색)을 4단 첫코에서 빼뜨기로 연
결한다.

7

도안을 참고해 5단을 뜬 후, 펼쳐진 꽃잎을
오므려 카네이션 모양을 잡는다. 실에 돗바늘
을 꿴 후 시침질하여 마무리한다.

아네모네 수세미 Photo ● p.040

READY

- **완성 크기** 지름 12cm
- **실 꽃술** 검은색

  꽃잎 흰색, 빨간색
- **바늘** 모사용 코바늘 6/0호
- **기타** 돗바늘
- **도구와 기법** 78~101쪽 참조

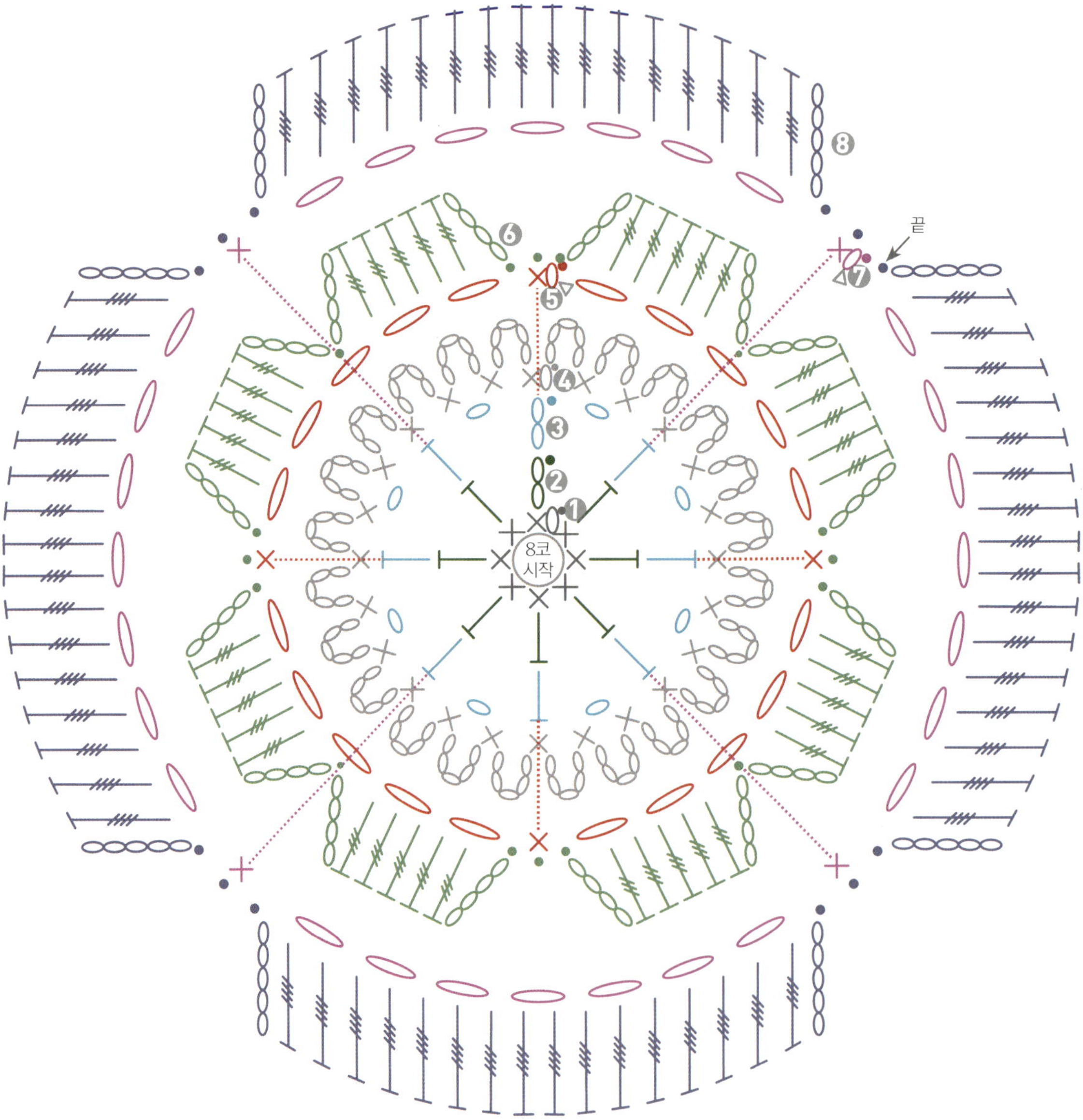

끝

8코
시작

1

매직링을 만들고 기둥코(사슬뜨기1코)와 짧은 뜨기 8코로 시작해 4단까지 떠서 꽃술을 만든다.

2

5단은 3단에 걸어 뜨는데, 3단 첫코에 다른 색 실로 꽃잎을 뜬다.

3

사슬뜨기 5코를 뜬다.

4

도안을 참고해 3단 다음 코에 바늘을 넣는다.

5

짧은뜨기 1코를 뜬다.

6

과정 2~5까지 총 3번 더 반복해서 5단을 마무리하고, 남은 부분도 도안을 참고해 8단까지 떠서 마무리한다.

입체 꽃 수세미 Photo ● p.041

READY

- **완성 크기** 지름 11cm
- **실** 베이지, 연 소라, 베이지 핑크
- **바늘** 모사용 코바늘 6/0호

- **기타** 돗바늘
- **도구와 기법** 78~101쪽 참조

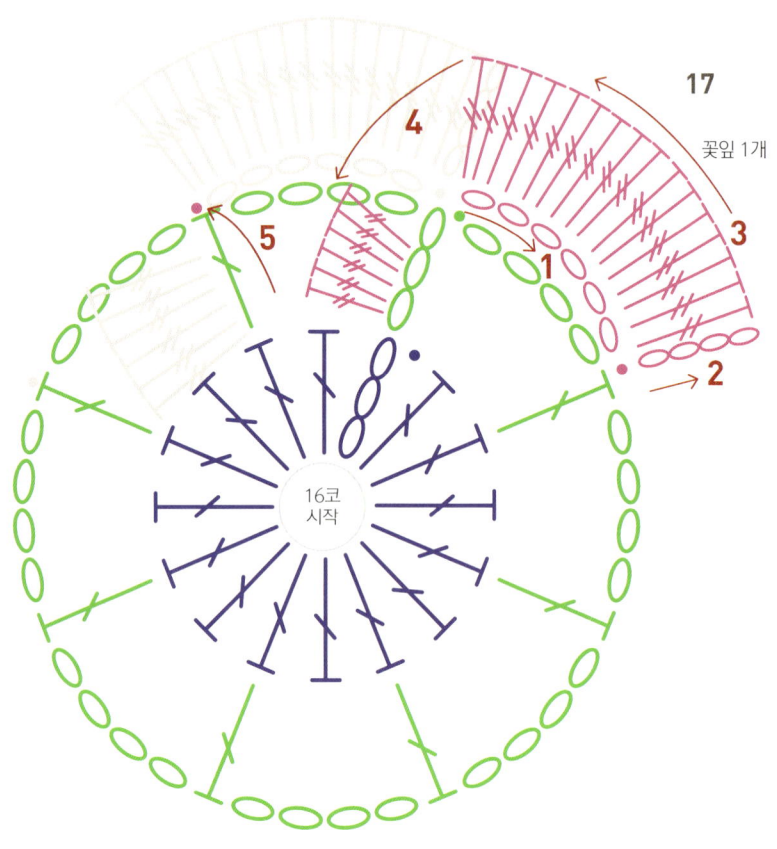

17

꽃잎 1개

16코
시작

1

매직링을 만들고 기둥코(사슬뜨기 3코)를 세운 후, 한길긴뜨기 15코를 떠서 1단 시작, 도안을 참고해 2단까지 뜬다. 이때, 다른 색 실로 바꾸기 위해 빼뜨기는 하지 않고 둔다.

2

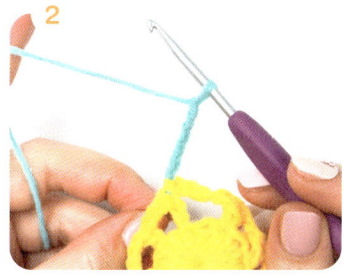

꽃잎 색(민트색)을 가져와서 빼뜨기하고, 사슬뜨기 6코를 뜬다.

3

편물을 뒤집은 후, 2단 한길긴뜨기 코에 빼뜨기를 한다.

4

빼뜨기한 모습.

5

다시 편물을 뒤집고 기둥코(사슬뜨기 4코)를 세운다.

6

과정 3에서 뜬 사슬뜨기 6코 한 줄에 두길긴뜨기 16코를 뜬다.

7

바로 이어서 2단의 한길긴뜨기 기둥에 코바늘을 넣는다.

8

두길긴뜨기 6코를 뜬다.

9

이어서 2단의 한길긴뜨기 코에 빼뜨기를 한다. 과정 3~9를 반복해 꽃잎 8장을 떠서 마무리한다.

27
sponge

선인장 화분 수세미 Photo ● p.042

READY

- **완성 크기** 10×12cm
- **실 선인장** 민트, 연핑크
  - **꽃** 연핑크
  - **화분** 갈색
- **바늘** 모사용 코바늘 6/0호
- **기타** 돗바늘
- **도구와 기법** 78~101쪽 참조

꽃

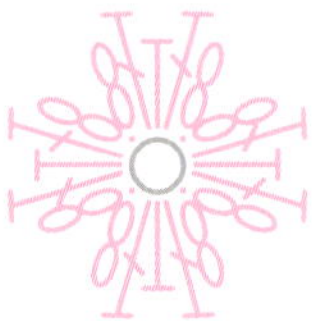

몸판

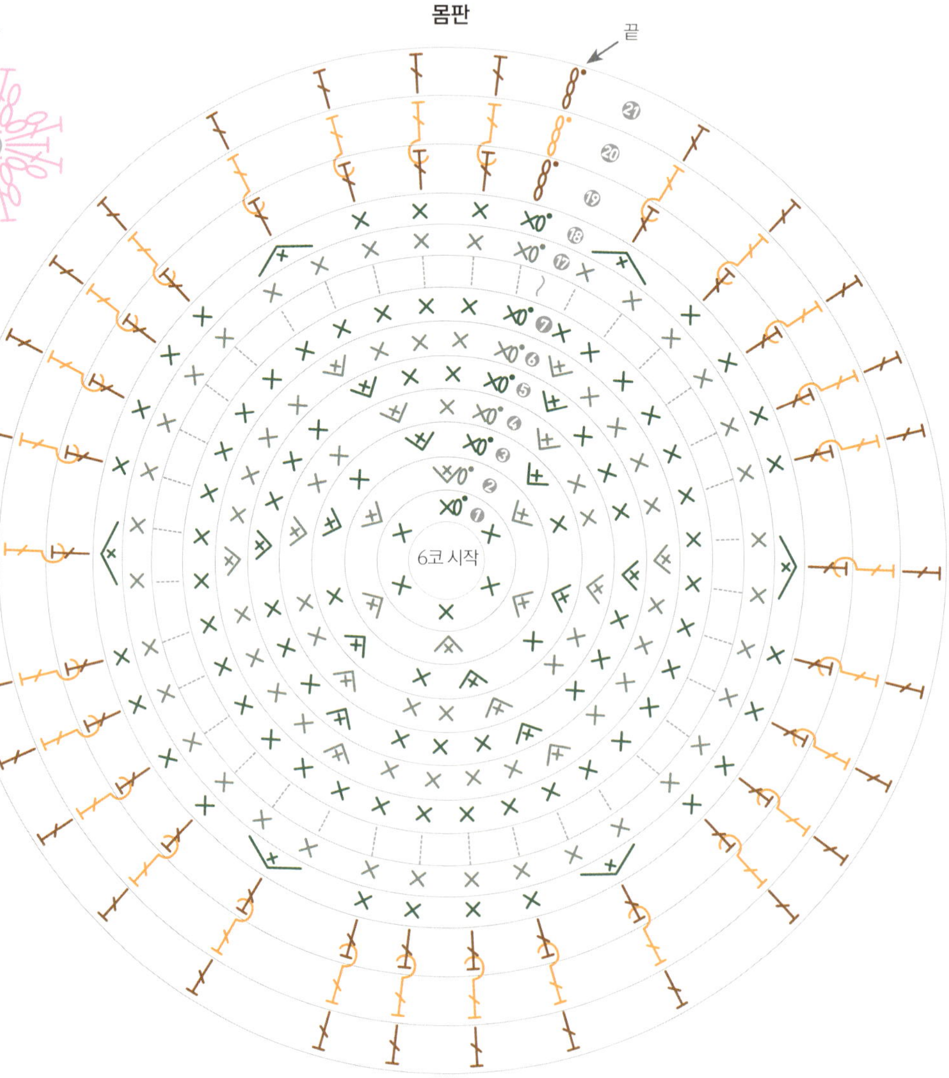

끝

6코 시작

단수	1	2	3	4	5	6	7~17	18
콧수	6	12	18	24	30	36	36	30

선인장

단수	19~21
콧수	30

화분

1

매직링을 만들고 짧은뜨기 6코로 1단을 시작한 후, 도안을 참고하여 18단까지 뜬다.

2

선인장 모양을 내기 위해 사슬뜨기(빼뜨기)를 하는데, 먼저 시작점에 코바늘을 넣고 실을 빼낸다.

3

다시 실을 걸어와서 빼낸다.

4

일정한 거리를 두고 편물에 코바늘을 넣는다.

5

다시 실을 걸어와서 빼낸다. 반복해서 수를 놓는다.

6

19단에서 색을 바꿔 화분을 뜬다.

7

20단은 한길긴뜨기 뒤걸어뜨기를 해 화분 모양을 좀 더 살린다. 먼저, 기둥코(사슬뜨기 3코)를 세운다.

8

실을 감은 후, 사진처럼 뒤에서 앞으로 코바늘을 넣는다.

9

다시 뒤로 바늘을 넣고 한길긴뜨기를 뜬다.

✕ **마무리** 몸판은 도안을 참고해 끝까지 뜬다. 꽃은 도안을 참고해 뜬 후, 몸판에 감칠질로 연결해서 완성한다

겹겹 꽃 수세미 Photo ● p.043

READY

- **완성 크기** 지름 11cm
- **실 밑판** 흰색, 연핑크
  꽃잎 흰색, 연핑크
  끝단, 고리 소라색
- **바늘 모사용** 코바늘 6/0호
- **기타** 돗바늘
- **도구와 기법** 78~101쪽 참조

단수	콧수
1	6
2	12
3	18
4	24
5	30
6	36
7	42
8	48
9	54
10	60
11	60

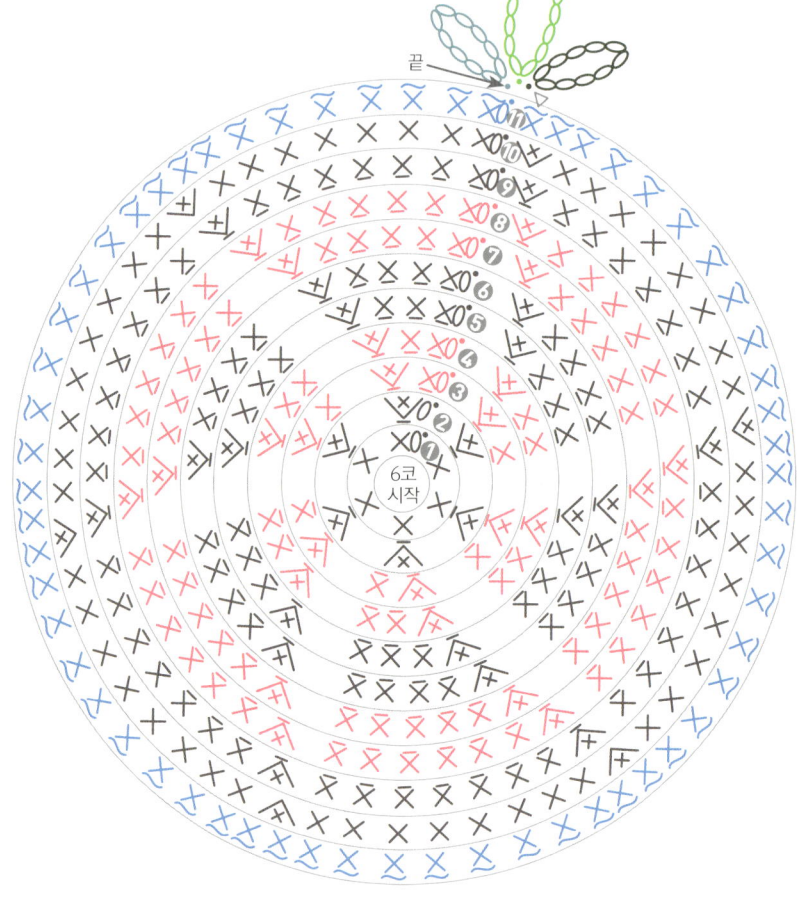

꽃잎 뜨기

1. 6단의 앞코에 걸어뜨기

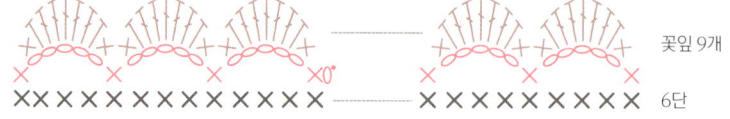

꽃잎 9개

6단

2. 4단의 앞코에 걸어뜨기

꽃잎 6개

4단

3. 2단의 앞코에 걸어뜨기

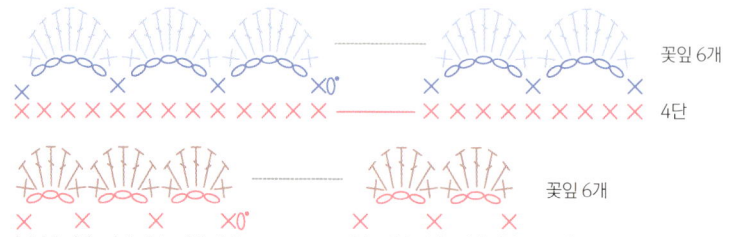

꽃잎 6개

2단

1

매직링을 만들고 기둥코(사슬뜨기 1코)와 짧은 뜨기 6코를 떠서 시작해 10단까지 뜬다. 이 때, 다른 색 실로 바꾸기 위해 빼뜨기는 하지 않고 둔다.

2

11단은 색을 바꿔 되돌아 짧은뜨기로 떠서 테두리를 만든다. 먼저, 다른 색 실(민트색)로 빼뜨기한다.

3

기둥코(사슬뜨기 1코)를 뜬다.

4

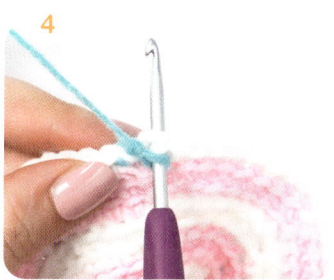

바늘을 뜨던 방향의 반대, 시계방향으로 코를 넣는다.

5

실을 빼내어 짧은뜨기를 한다.

6

계속해서 되돌아 짧은뜨기를 한다.

7

〈6단의 앞코에 걸어뜨기〉 도안을 참고해 6단 시작지점의 사슬 반코에 바늘을 넣는다.

8

(짧은뜨기 1코, 사슬뜨기 5코, 짧은뜨기 1코)를 뜬 다. 같은 방법으로 9번 반복해서 뜨고, 그 고 리에 걸어서 꽃잎 9개를 뜬다.

✕**마무리** 4단, 2단의 앞코에 걸어뜨기도 과정 7~8을 참고해 같은 방법으로 뜨고, 도안대로 고리를 만들어 완성한다.

몬스테라 수세미 Photo ● p.044

READY

● **완성 크기** 15cm

● **실** 초록색, 청록색

● **바늘** 모사용 코바늘 6/0호

● **기타** 돗바늘

● **도구와 기법** 78~101쪽 참조

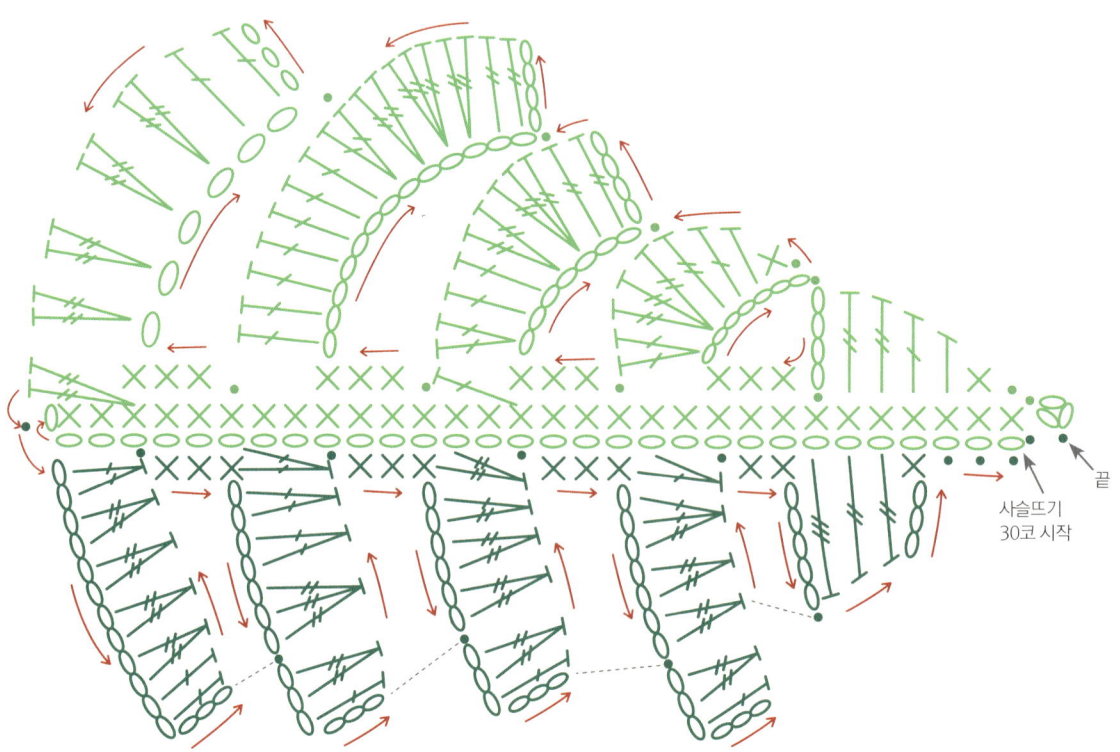

끝

사슬뜨기
30코 시작

1

도안에 표시된 시작 부분을 따라 사슬뜨기 30코로 시작한다.

2

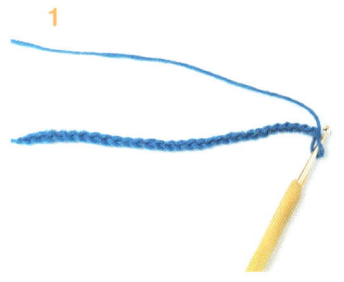

기둥코(사슬뜨기 1코)를 세운다.

3

다음 코의 사슬코 산에 코바늘을 넣는다.

4

짧은뜨기 1코를 뜬다.

5

끝까지 짧은뜨기를 뜬다.

6

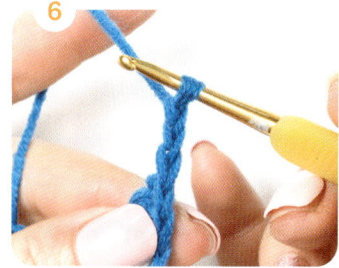

다시 사슬뜨기 3코를 뜬다.

7

도안을 참고해 빼뜨기를 한다.

8

도안을 참고해 위쪽을 먼저 뜬 후, 이어서 아래쪽을 떠서 완성한다.

× 아래쪽을 위쪽과 같은 방법으로 뜨면 44쪽에 있는 청록색 몬스테라를 만들 수 있다.

구멍 송송 꽃피다 수세미 Photo ● p.045

READY

- **완성 크기** 14×14cm
- **실** 흰색, 연노랑, 노란색, 연보라, 형광그린, 소라색
- **바늘** 모사용 코바늘 6/0호
- **기타** 돗바늘
- **도구와 기법** 78~101쪽 참조

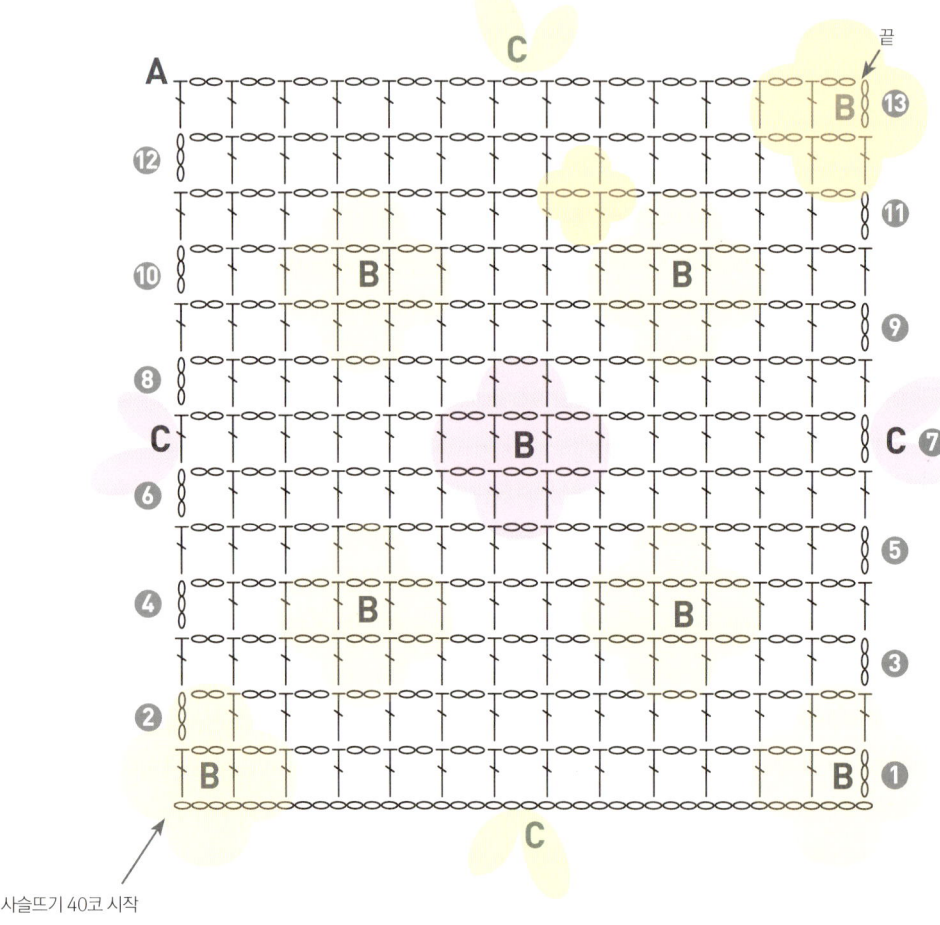

사슬뜨기 40코 시작

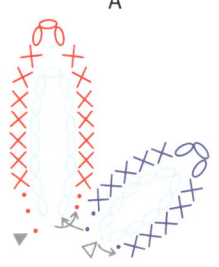

A

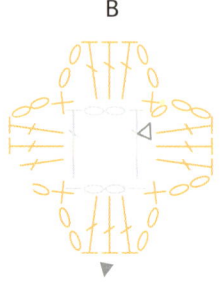

B

C

◁ 실 잇기
◀ 실 끊기

1

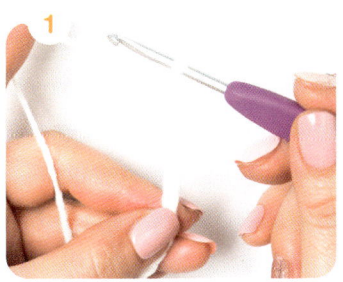

사슬뜨기 40코를 뜬다.

2

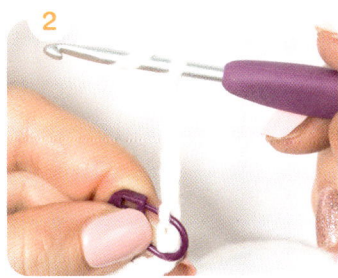

콧수링으로 마지막 사슬코를 표시하고, 기둥
코(사슬뜨기 3코)와 사슬뜨기 2코를 뜬다.

3

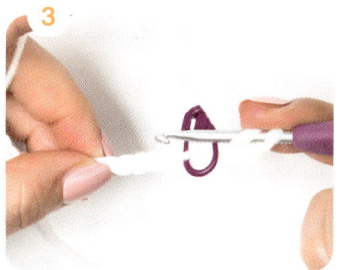

도안을 참고해 앞단의 2코를 건너뛴 세 번째
위치를 체크한다.

4

체크해둔 위치에 코바늘을 넣는다.

5

한길긴뜨기 1코를 뜬다.

6

사슬뜨기 2코, 한길긴뜨기 1코를 반복해서
뜬다.

7

이때 다음 단으로 올라갈 때는 편물을 돌려서
기둥코(사슬뜨기 3코)를 세우고 뜬다.

8

도안을 참고해 사진과 같은 모양이 나오는지
확인하며 13단까지 뜬다.

9

도안을 참고해 꽃과 잎을 몸판에 걸어서 뜬다.

볼꽃 수세미 Photo ● p.046

READY

- **완성 크기** 지름 11cm
- **실** 흰색, 형광 연두, 소라색, 보라색

- **바늘** 모사용 코바늘 6/0호
- **기타** 돗바늘
- **도구와 기법** 78~101쪽 참조

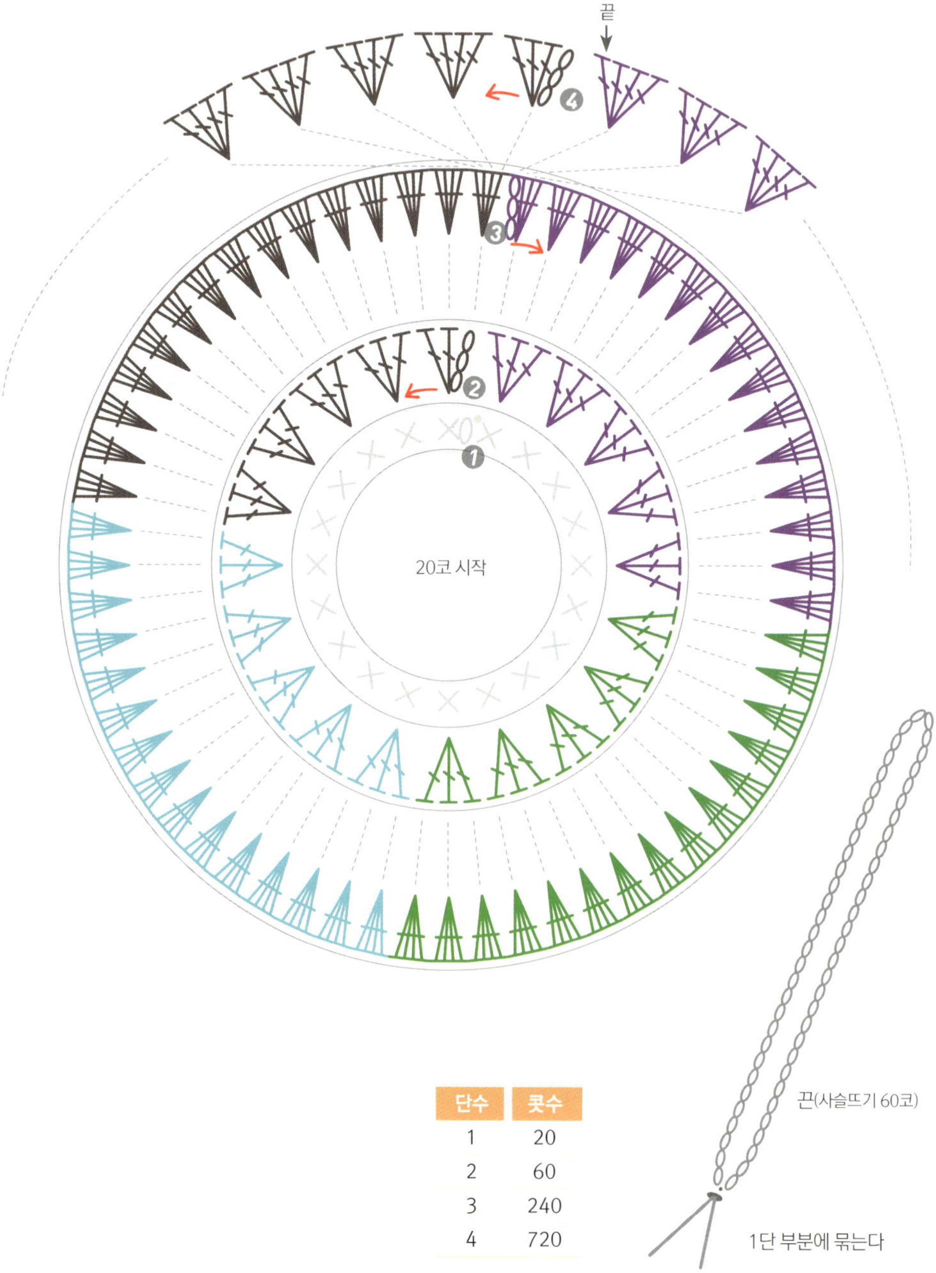

끝

❹

❸

❷

❶

20코 시작

끈(사슬뜨기 60코)

1단 부분에 묶는다

단수	콧수
1	20
2	60
3	240
4	720

1

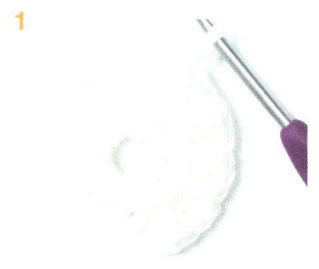

매직링을 만들고 기둥코(사슬뜨기 1코)와 짧은 뜨기 20코를 떠서 1단 시작한다. 한길긴뜨기 3코 늘려뜨기(기둥코 포함)를 5번 반복한다.

2

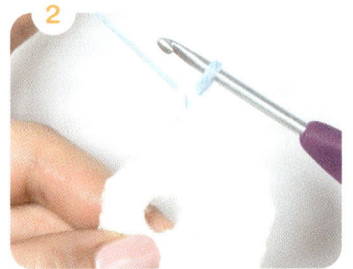

하늘색 실을 가져온다.

3

하늘색 실로 한길긴뜨기 3코 늘려뜨기를 5번 반복해서 뜬다. 이때, 실은 끊지 않고 그대로 둔다.

4

이번에는 연두색 실로 한길긴뜨기 3코 늘려 뜨기를 5번 반복한다.

5

마지막으로 보라색 실로 한길긴뜨기 3코 늘려뜨기를 5번 반복한다. 이때, 네 가지 색 실은 사진처럼 끊지 않고 내려 놓은 후, 다음 단을 뜰 때 바로 올려 뜬다.

6

보라색 실로 이어서 다음 단을 뜨는데, 먼저 기둥코(사슬뜨기 3코)를 뜬다.

7

편물을 돌려 진행방향을 바꿔서 기둥코(사슬뜨기 3코)를 세운 후, 한길긴뜨기 3코를 더 뜬다.

8

각 코에 한길긴뜨기 4코 늘려뜨기를 하고, 색상 교체되는 지점에서 내려 놓았던 밑단의 실을 끌어와 4코씩 늘리며 끝까지 떠서 완성한다.

×TIP 끈이 될 사슬뜨기 60코는 끝부분을 1단 부분에 묶어 고리를 만들면 된다.

32
× sponge ×

퐁퐁 꽃 수세미 How to make ● p.047

READY

- **완성 크기** 지름 9cm
- **실** 연보라, 흰색

- **바늘** 모사용 코바늘 6/0호
- **기타** 돗바늘
- **도구와 기법** 78~101쪽 참조

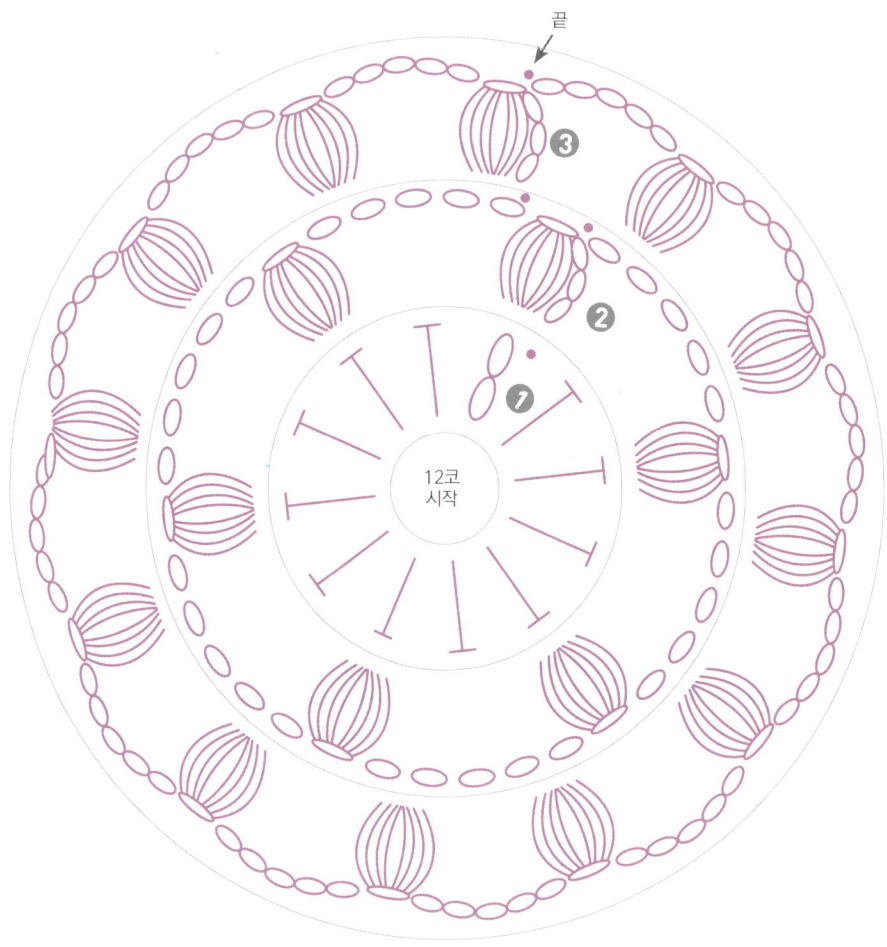

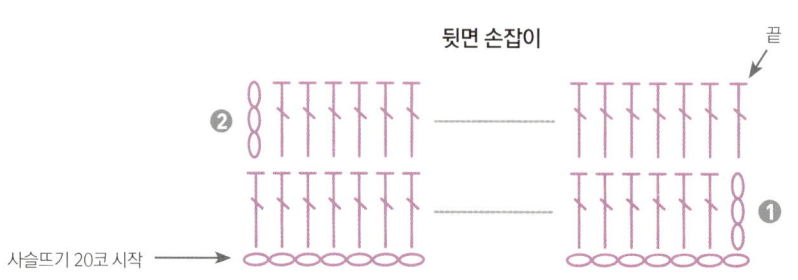

뒷면 손잡이

사슬뜨기 20코 시작

1

실을 2가닥을 사용해서 뜬다. 이때, 실은 안쪽에서 1가닥, 겉면에서 1가닥을 잡아서 뜬다.

2

매직링을 만들고 기둥코(사슬뜨기 2코)와 긴뜨기 11코로 1단을 뜬다.

3

2단은 먼저 기둥코(사슬뜨기 3코)를 세운다.

4

같은 코에 긴뜨기 7번을 반복한다.

5

코바늘을 빼서 2단 시작코에 코바늘을 넣는다.

6

다시 뜨고 있던 긴뜨기 마지막 코를 걸어온다.

7

실을 잡아당겨서 빼뜨기한다.

× 과정 2~7: 8코 팝콘뜨기

8

사슬뜨기 5코를 뜨고 도안을 참고해 팝콘뜨기를 하며 3단까지 떠서 완성한다.

9

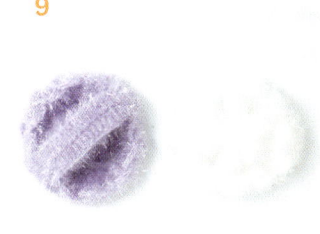

뒷면은 시작코 만들기 전 실을 충분히 남겨놓고, 사슬뜨기 20코로 시작해서 2단까지 뜬다. 다 뜬 후 마무리할 실도 넉넉히 남겨놓고 실을 잘라낸다. 남겨 놓은 실로 뒷면에 손잡이를 고정해 완성한다.

33 *sponge*

과일 한 접시 수세미 Photo ● p.048

READY

- **완성 크기** 딸기, 레몬: 7×10cm
  나머지: 7cm
- **실 레몬** 노랑, 청록
  딸기 진핑크, 그레이
  복숭아 살구색, 갈색
  귤 주황색, 초록색, 골드베이지

- **사과** 형광연두, 초록, 보라
- **사과 반쪽** 흰색, 형광연두, 검정
  /스티치용 검은색
- **바늘** 모사용 코바늘 6/0호
- **기타** 돗바늘
- **도구와 기법** 78~101쪽 참조

사과 반쪽, 사과, 귤, 복숭아

단수	콧수
1	12
2	18
3	24
4	30
5	36
6	30
7	24
8	18
9	12
10	6

사과 반쪽

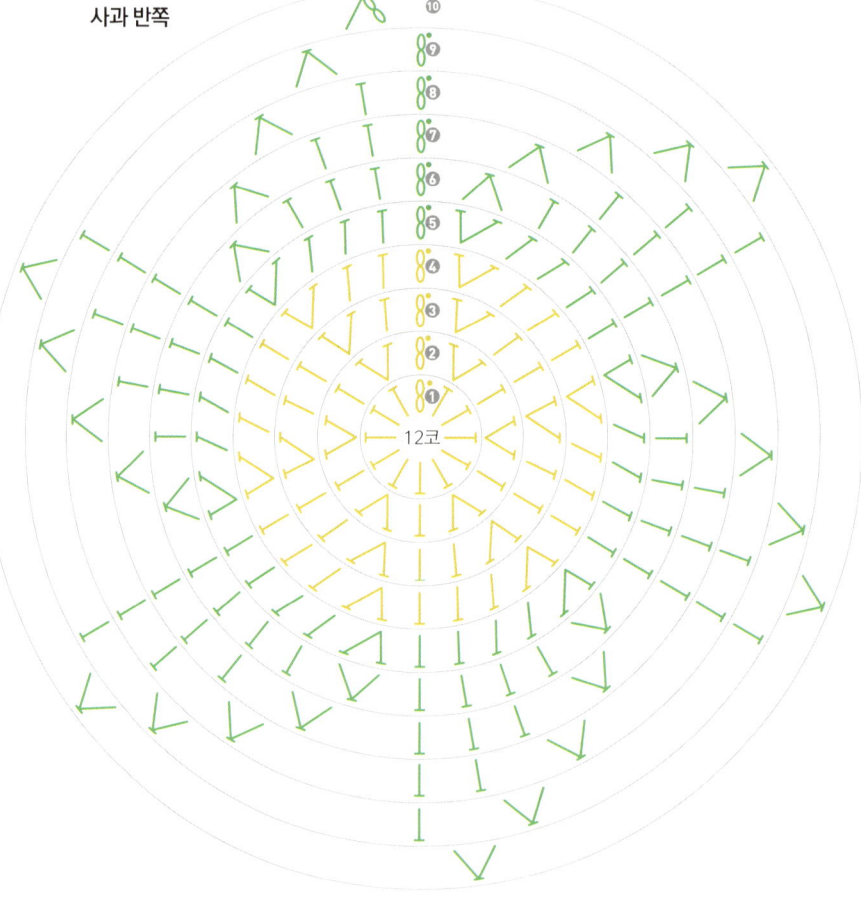

12코

꼭지(사과, 복숭아)

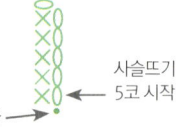

사슬뜨기 5코 시작
끝

사과 잎

사슬뜨기 7코 시작
끝

귤 꼭지

끝
4코

귤 잎

끝
사슬뜨기 7코 시작

사과

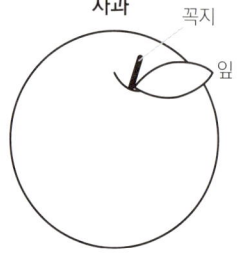

꼭지
잎

솜을 넣고 실로 앞뒷면을 눌러
모양을 잡으면서 바느질한다

복숭아

솜을 넣고 실로 앞뒷면을 눌러
모양을 잡으면서 바느질한다

귤

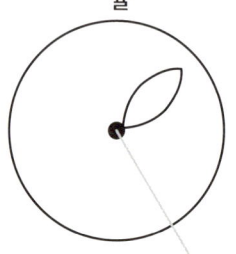

가운데 꼭지를 달면서 앞뒤
눌러 바느질한다

× 사과, 귤, 복숭아 도안은 사과 반쪽 도안과 같다. 배색 없이 떠서 완성한다.

1

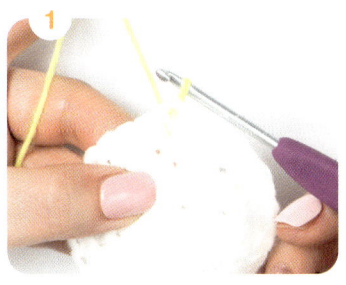

매직링을 만들고 기둥코(사슬뜨기 3코)와 긴
뜨기 11코를 떠서 1단 시작, 도안을 참고해 4
단까지 뜬다.

2

실 색을 바꿔 9단까지 뜬다.

3

솜을 적당히 넣고 10단을 뜬다.

4

사과 반쪽을 표현하기 위해 돗바늘에 실을 꿴
후, 뒤에서 바늘을 넣는다.

5

앞쪽에서 바늘을 빼낸다.

6

직선 방향의 끝 부분에 다시 바늘을 넣고 빼
낸다.

7

다시 뒤에서 앞으로 바늘을 넣고 반대편 직선
방향으로 바늘을 넣는다.

8

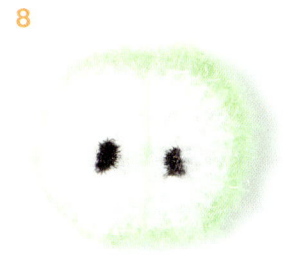

씨를 수놓는다.
(수놓는 법 199쪽 참조)

9

시중에 판매되고 있는 수세미 집게에 끼워 사
용한다.

× 귤, 사과, 복숭아의 몸통도 같은 방법으로
뜬다. 꼭지나 잎은 도안을 참고해서 뜬 후
위치에 맞게 시침질로 꿰매 붙인다.

1 1~17단까지 도안대로 뜬다. 이때, 빼뜨기로 마무리하지 않고 이어서 뜬다.

2 솜을 적당히 넣고 모양을 잡는다. 이때, 끝 부분은 힘이 있도록 솜을 꾹꾹 눌러
단단하게 만든다. 솜을 넣지 않고 사용해도 된다.

3 18단을 떠서 마무리하고, 꼭지를 떠서 모양은 잡은 후 달아준다.

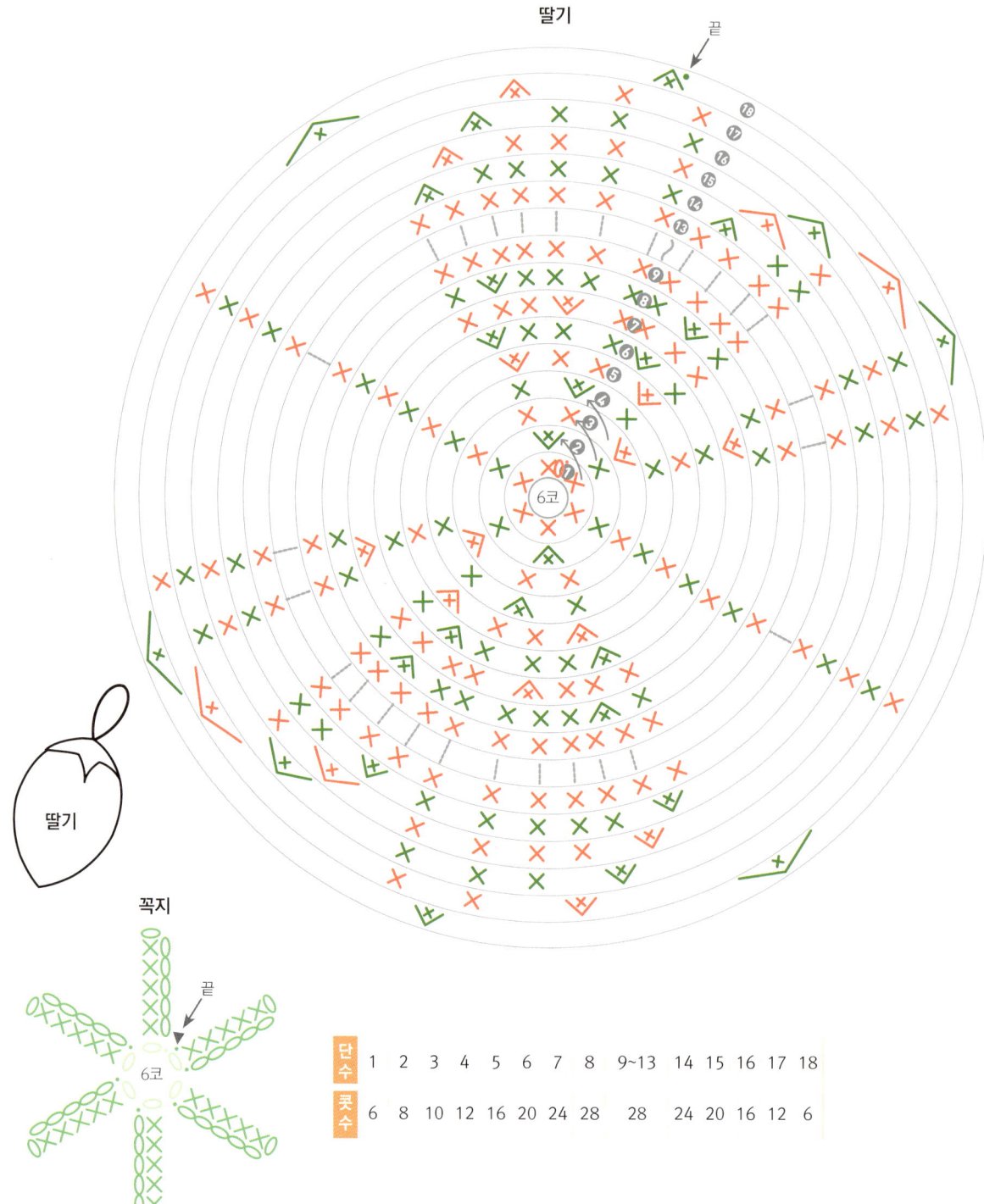

딸기

딸기

꼭지

단수	1	2	3	4	5	6	7	8	9~13	14	15	16	17	18
콧수	6	8	10	12	16	20	24	28	28	24	20	16	12	6

HOW TO MAKE

1 1~21단까지 도안대로 뜬다. 이때, 빼뜨기로 마무리하지 않고 이어서 뜬다.

2 솜을 적당히 채운 후 22~24단까지 뜬다.

3 잎을 떠서 시침질로 레몬에 달아준다.

잎

레몬

사슬뜨기
9코 시작

끝

레몬

끝

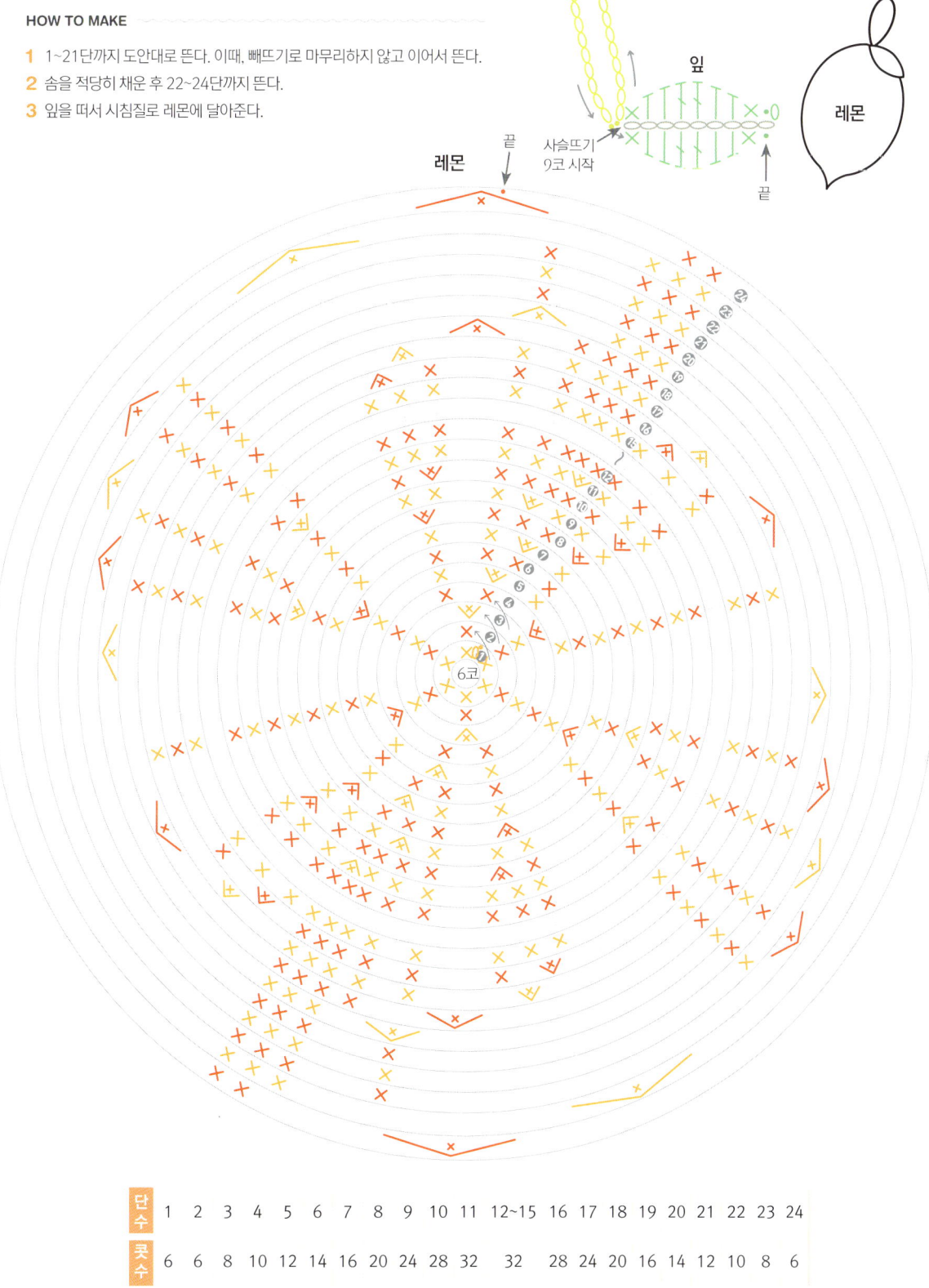

단수	1	2	3	4	5	6	7	8	9	10	11	12~15	16	17	18	19	20	21	22	23	24
콧수	6	6	8	10	12	14	16	20	24	28	32	32	28	24	20	16	14	12	10	8	6

34 sponge

굴비 수세미 Photo ● p.052

READY

- **완성 크기** 15×6cm
- **실** 회색, 황토색, 연 노란색/스티치용 검은색
- **바늘** 모사용 코바늘 3/0호
- **기타** 돗바늘
- **도구와 기법** 78~101쪽 참조

몸판

입 부분

꼬리 부분

끝

⑭ ⑬ ⑫ ⑪ ⑩ ⑨ ⑧ ⑦ ⑥ ⑤ ④ ③ ② ①

사슬뜨기 36코 시작

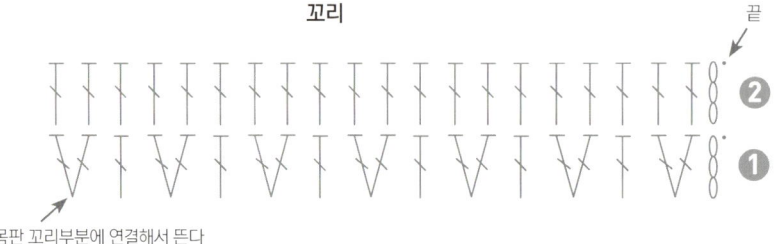

꼬리

끝

❷ ❶

몸판 꼬리부분에 연결해서 뜬다

1

몸동은 사슬뜨기 36고와 기둥코 1코를 떠서
시작한다. 도안을 참고해 다른 색 실로 바꾸
면서 14단까지 평면뜨기로 완성한다.

2

몸통을 반으로 접고, 14단까지 뜨고 남은 황토
색 실을 돗바늘에 꿴 후 사진처럼 감침질한다.

3

끝까지 꿰맨 모습.

4

입 부분을 오므리기 위해 사진처럼 돗바늘을
통과시킨다.

5

모든 단을 돗바늘로 통과시킨 후, 실을 잡아
당긴다.

6

돗바늘을 편물 안쪽으로 넣어 실을 안보이게
정리한다.

7

꼬리를 뜨기 위해 반대쪽에 코바늘을 넣는다.

8

새로운 실을 걸어와서 기둥코(사슬뜨기 3코)를
뜬다.

9

꼬리 도안을 참고해 끝까지 뜬 후, 눈을 수놓
아 완성한다.(수놓는 법 199쪽 참조)

35
sponge

붕어빵 수세미 Photo ● p.053

READY

● **완성 크기** 13×7cm

● **실** 황토색/스티치용 검은색

● **바늘** 모사용 코바늘 3/0호

● **기타** 돗바늘

● **도구와 기법** 78~101쪽 참조

단수	콧수
1	8
2	16
3~10	24
11	12
12	36

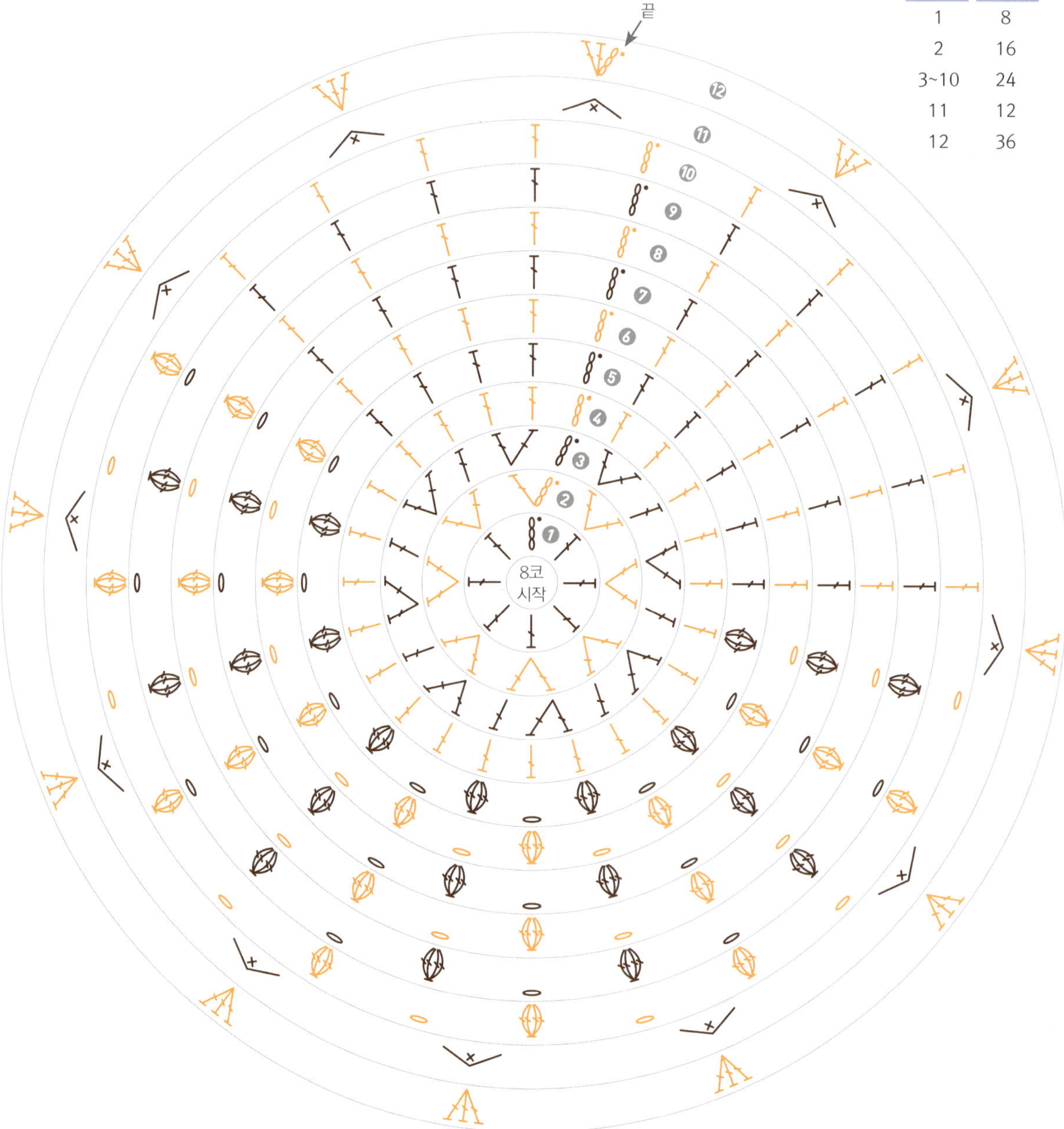

끝

8코
시작

1

매직링을 만들고, 기둥코(사슬뜨기 3코)와 한길 긴뜨기 7코로 1단을 시작해서 4단까지 뜬다.

2

기둥코(사슬뜨기 3코)를 세우고, 5단을 시작한다.

3

이어서 한길긴뜨기 4코를 뜬 후, 사슬뜨기 1코를 뜬다.

4

코바늘에 실을 감는다. 이때 다음 코는 건너 뛴다.

5

과정 4에서 코바늘로 가리킨 코에 한길긴뜨기 4코 구슬뜨기를 뜬다.

6

5단의 한길긴뜨기 4코 구슬뜨기 부분을 뜬 모습.

7

계속해서 6단도 도안을 참고해 뜨면, 5단과 교차로 구슬뜨기 모양이 완성된다.

8

10단까지 반복해서 뜬 후, 11단에서 코를 줄 이고 12단에서 다시 늘리면 꼬리가 완성된다.

9

(앞)

(뒤)

앞뒤 모습 비교.(수놓는 법 199쪽 참조)

쿠키 수세미 **Photo** ● p.054

READY

- **완성 크기** 지름 12cm
- **실** 진갈색, 검은색, 흰색
- **바늘** 모사용 코바늘 3/0호(진갈색 또는 검은색 쿠키) / 모사용 코바늘 5/0호(흰색크림)
- **기타** 돗바늘
- **도구와 기법** 78~101쪽 참조

쿠키(2장)   끝

14코
시작

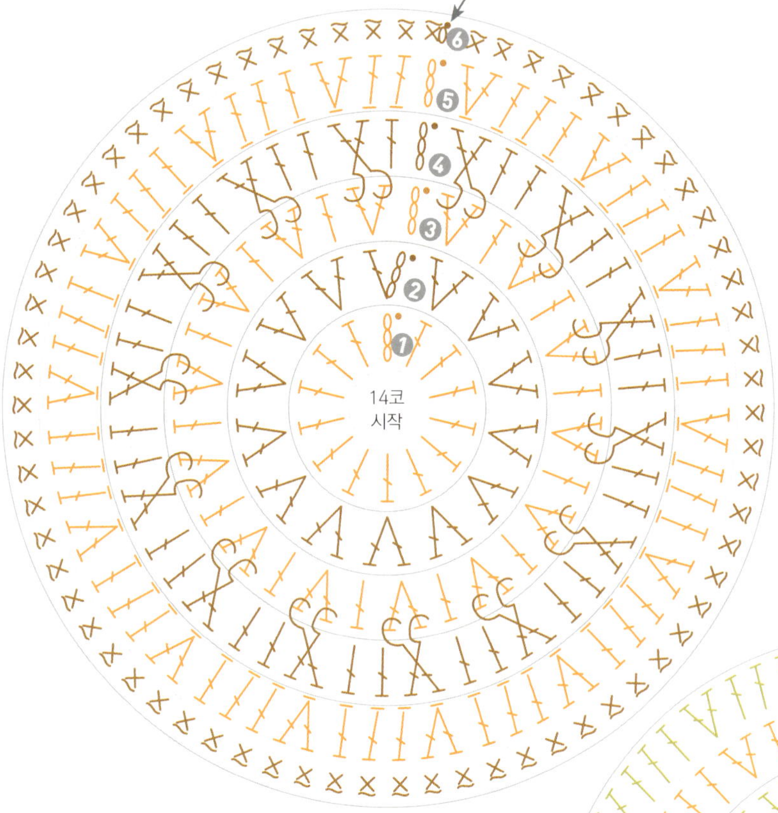

쿠키

단수	콧수
1	14
2	28
3	42
4	56
5~6	70

크림   끝

14코
시작

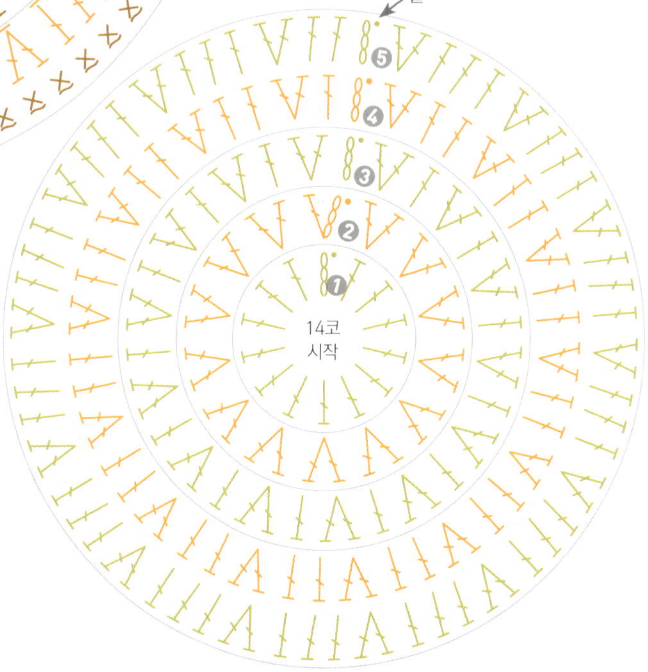

크림

단수	콧수
1	14
2	28
3	42
4	56
5	70

매직링을 만들고, 기둥코(사슬뜨기 3코)와 한
길긴뜨기 13코로 1단을 시작해서 3단까지
뜬다.

도안을 참고해 4단을 뜨는데, 중간에 하길긴
뜨기 앞걸어뜨기를 한다. 실을 감고 3단에서
만든 기둥으로 사진처럼 코바늘을 넣는다.

한길긴뜨기 앞걸어뜨기 1코를 뜬 모습.

이번에도 한길긴뜨기 앞걸어뜨기를 하는데,
과정 2에서 뜬 코 이전에 있는 3단 기둥에 실
을 감고 코바늘을 넣는다.

한길긴뜨기 1코를 뜬다. 2~3번에서 뜬 한길
긴뜨기 앞걸어뜨기와 함께 ×자 모양이 된다.

4단까지 모두 뜬 모습.

5단에서 기둥코(사슬뜨기3코)를 세운다.

한길긴뜨기 이랑뜨기를 하
는데, 코바늘이 가리키는
사슬코의 뒷산에 넣는다.

한길긴뜨기 이랑뜨기 1코 완성. 남은 부분도
도안을 참고해 마무리한다.

바게트 수세미 Photo ● p.055

READY

- **완성 크기** 16×7cm
- **실** 황토색, 미색
- **바늘** 모사용 코바늘 3/0호
- **기타** 돗바늘
- **도구와 기법** 78~101쪽 참조

단수	콧수
1	8
2~3	16
4~5	24
6~14	32
15~16	24
17~18	16
19	8

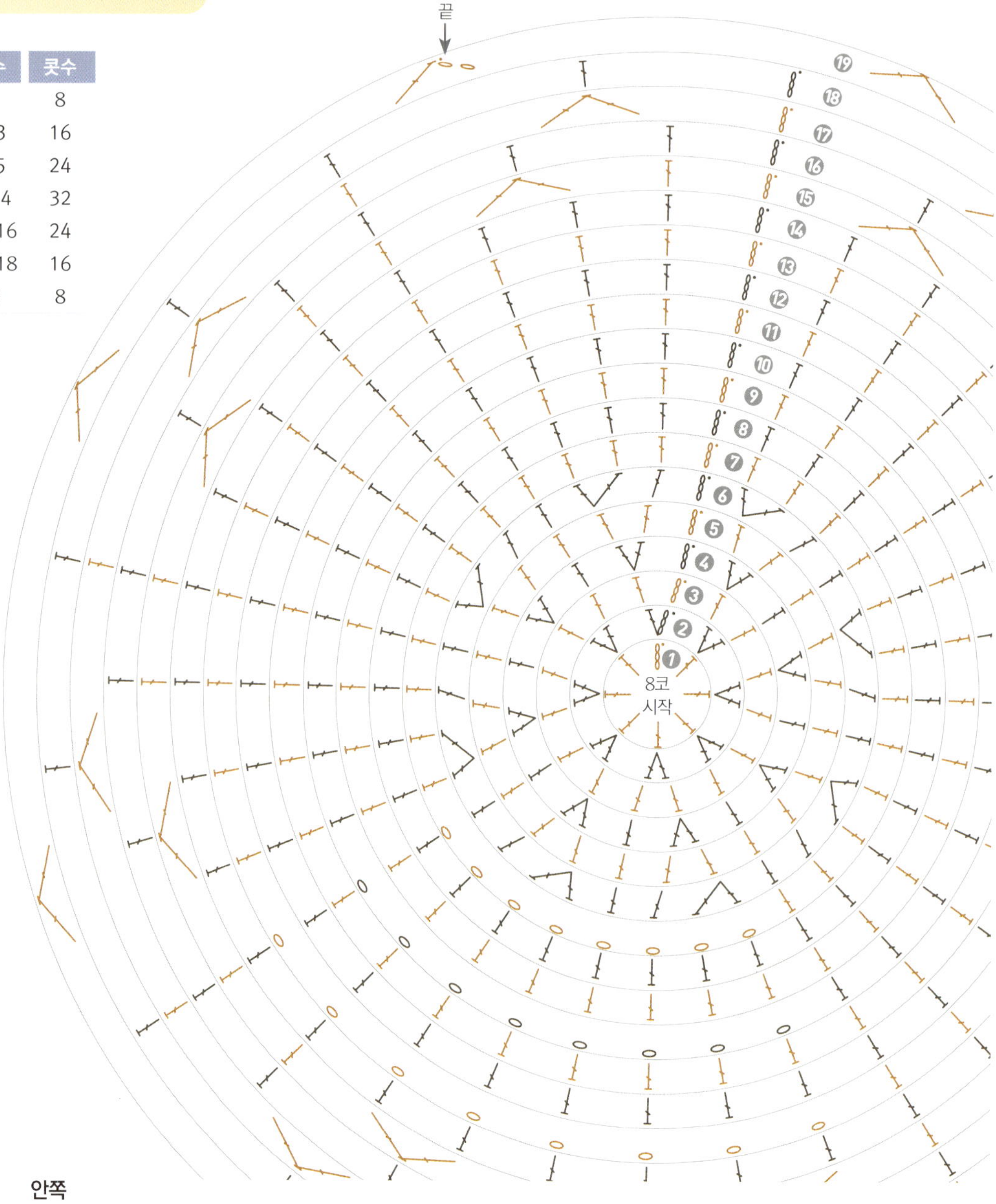

끝

8코
시작

안쪽

❸
❷
❶

× 미색 실로 7, 10, 13단의 사슬코에 걸어서 뜨세요.

1

매직링을 만들고, 기둥코(사슬뜨기 3코)와 한길긴뜨기 7코로 1단을 시작해서 6단까지 뜬다.

2

이어서 7단을 뜨는데, 먼저 기둥코(사슬뜨기 3코)와 한길긴뜨기 11코를 뜬다.

3

사슬뜨기 8코를 뜬 후, 6단의 8코를 건너뛰고 9번째 코에 한길긴뜨기 1코를 뜬다.

4

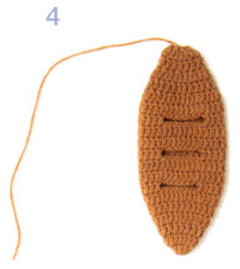

마지막 단까지 도안대로 뜬 후, 실을 20cm 정도 남기고 자른다.

5

돗바늘을 이용해 남은 코 사이로 바늘을 통과시킨 후, 실을 잡아당겨서 오므린다.

6

구멍 아래쪽 첫 번째 사슬의 오른쪽 옆 코(=7단의 12번째 코의 기둥)에 코바늘을 넣는다. 미색 실을 연결하여 뒤쪽 사슬 반코에 걸어서 뜬다.

7

바게트 안쪽 도안을 참고해 시계 반대 방향으로 연결하면서 뜬다.
(위 아래 사슬 8코씩, 양쪽 측면에서 2코씩 만들어서 20코가 된다).

8

20cm 정도 실을 남기고 자른 후, 돗바늘을 이용해 감침질로 꿰맨다.

9

안쪽으로 밀어 넣는다. 나머지 2개의 구멍도 과정 6~9를 참고해서 완성한다.

대파 수세미 Photo ● p.056

READY

- **완성 크기** 2.5×20cm
- **실** 초록색, 연두색, 흰색, 황토색
- **바늘** 모사용 코바늘 3/0호
- **기타** 돗바늘
- **도구와 기법** 78~101쪽 참조

● 대파 윗부분

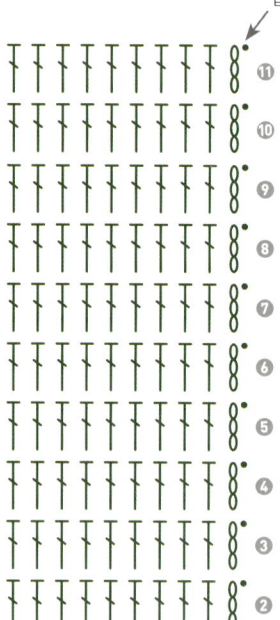

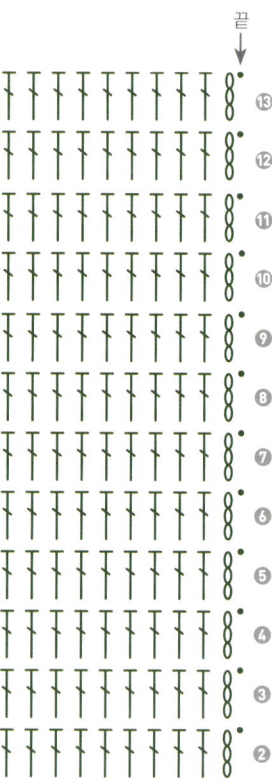

A 1-9단(10코)뜬후 약 10cm 정도 실을 남기고 자른다.

B 1-11단(10코)뜬후 약 10cm 정도 실을 남기고 자른다.

C 1-13단(10코)뜬 후, 그 대로 둔다.

❷ 대파 아랫부분

끝

⑱ ⑰ ⑯ ⑮ ⑭ ⑬ ⑫ ⑪ ⑩ ⑨ ⑧ ⑦ ⑥ ⑤ ④ ③ ② ①

C 부분　　　　A 부분　　　　B 부분

연결 부분

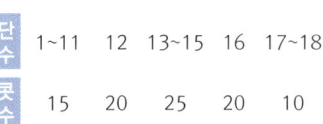

단수	1~11	12	13~15	16	17~18
콧수	15	20	25	20	10

1

대파 윗부분 A와 B를 뜨고 10cm 정도 남기고 실을 자른다. 대파 윗부분 C를 뜬 후 실은 자르지 않고 그대로 둔다.

2

C에 코바늘이 걸려있는 상태로 사슬뜨기 1코를 뜨고, B를 갖고 온다.

3

B의 첫코에 코바늘을 넣는다.

4

대파 아랫부분 도안 1단을 참고해 짧은뜨기 5코를 더 뜬다.

5

사진처럼 A를 가져온다.

6

A의 첫코에 코바늘을 넣는다.

7

도안을 참고해 짧은뜨기 5코를 뜬다.

8

편물을 돌린 후, A와 B는 건너뛰고 바로 C로 넘어간다.

9

C에서 5코는 건너뛰고 6번째 코에 코바늘을 넣는다.

10

편물을 돌리면서 짧은뜨기 5코를 뜨고, 빼뜨기해서 A, B, C 부분을 연결한다.

11

A, B, C 모두 연결된 모습.

12

지금부터는 원통으로 뜬다. 기둥코(사슬뜨기 3코)를 만든 후, 도안을 참고해 2단을 끝까지 뜬다. 이때, 다른 색 실로 바꾸기 위해 2단 빼뜨기는 하지 않고 그냥 둔다.

13

2단의 기둥코 세 번째 코에 연두색실을 가져와서 빼뜨기한다.

14

도안을 참고해 대파 아랫부분의 연두색 부분을 모두 뜬다. 이때, 다른 색 실로 바꾸기 위해 8단 빼뜨기는 하지 않고 그냥 둔다.

15

흰색 실을 가져와서 빼뜨기한다.

16

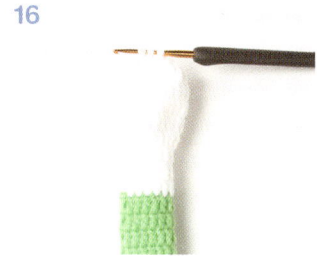

도안을 참고해 17단까지 총 9단을 모두 뜬다. 이때, 다른 색 실로 바꾸기 위해 마무리하지 않고 둔다.

17

황토색 실을 가져와 코바늘에 걸려있던 3코 모두 통과시킨다.

18

다음 코에 코바늘을 넣는다. 사진처럼 왼손의 가운뎃손가락을 실 위쪽에 놓고 편물의 뒤쪽으로 내린다.

19

실과 함께 편물을 누르면서 고리의 길이를 일정하게 만든 후 코바늘로 실을 감는다.

20

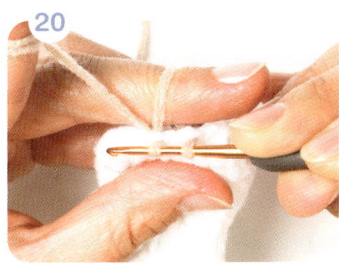

왼손의 가운뎃손가락에 실을 건 상태로 실을 빼내면 코바늘에 2줄이 걸린다.

21

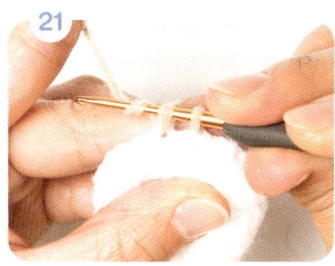

코바늘에 실을 한번 감는다.

22

코바늘에 걸려있는 2줄 사이를 통과한다.

23

가운데 손가락을 실 사이에서 뺀다.

24

루프뜨기 모두 뜬 후 끝부분을 가위로 자른 윗 모습.

래디시 수세미 Photo ● p.058

READY

- **완성 크기** 6×15cm
- **실** 자주색, 초록색
- **바늘** 모사용 코바늘 3/0호
- **기타** 돗바늘
- **도구와 기법** 78~101쪽 참조

단수	콧수
1	12
2	24
3~5	36
6	32
7	28
8	24
9	12
10	6

뿌리 끝

사슬뜨기 6코,
기둥코(사슬뜨기
1코), 빼뜨기 6코

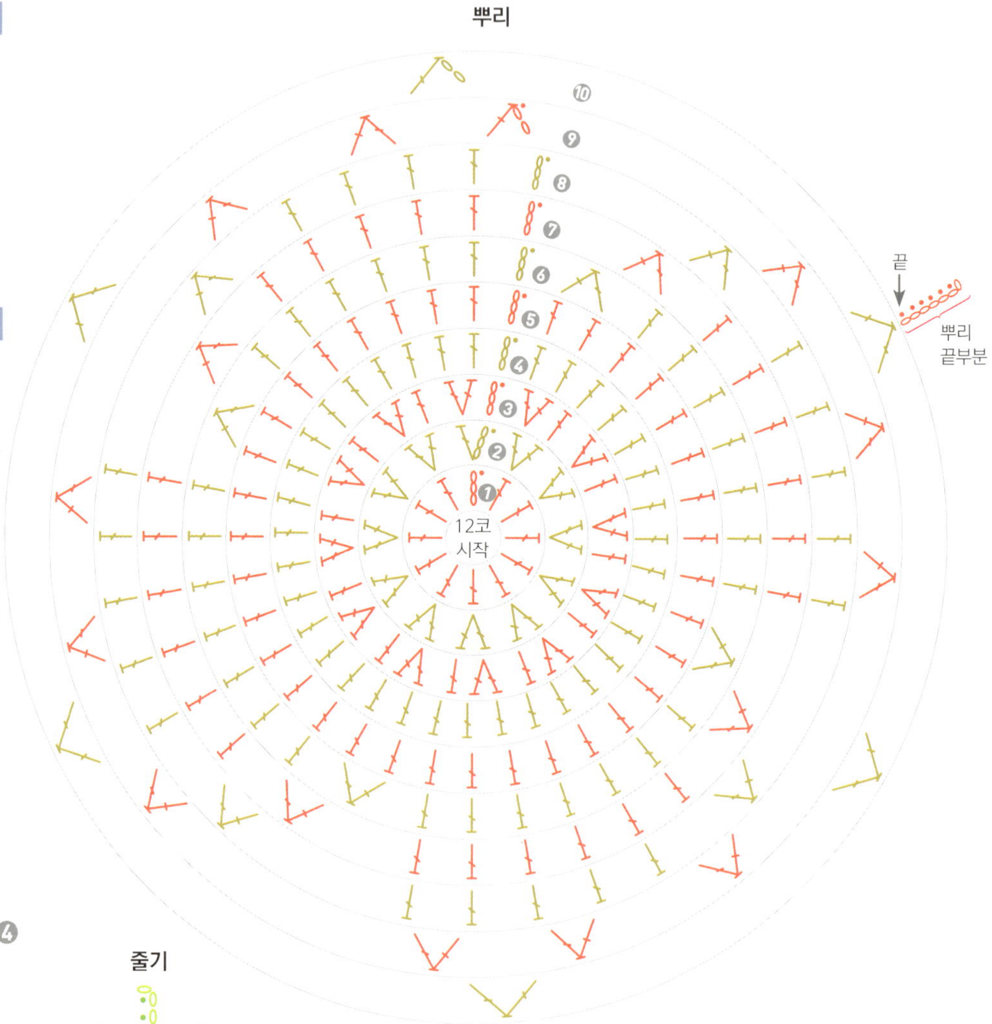

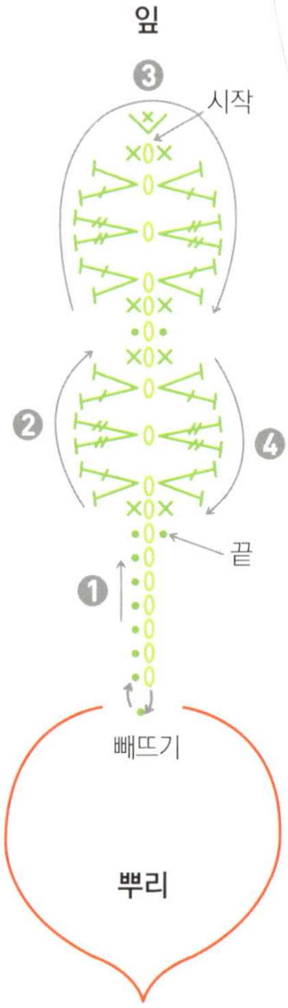

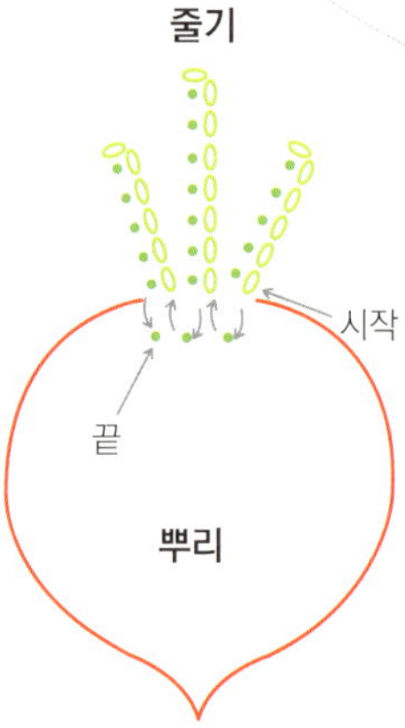

뿌리

끝

뿌리
끝부분

12코
시작

잎

③
시작

②

④

끝

①

빼뜨기

뿌리

줄기

시작

끝

뿌리

1

매직링을 만들고, 기둥코(사슬뜨기 3코)와 한 길긴뜨기 11코로 1단을 시작해서 10단까지 뜬다.

2

이어서 뿌리 끝부분을 만들기 위해 사슬코 6코 와 기둥코(사슬뜨기 1코)를 뜬다.

3

기둥코를 제외하고 2번째 코부터 사슬코에 뜨는데, 앞쪽 반코에 6코 모두 빼뜨기한다.

4

30cm 정도 실을 남기고 자른 후 코바늘을 위로 당겨 실을 빼낸다.

5

실을 돗바늘에 꿴 후, 10단 6코 모두 통과시킨다.

6

실 끝을 잡고 잡아당겨 뿌리 끝부분을 자연스럽게 연결한다.

7

초록색실로 사슬뜨기 18코를 만든다.

8

뿌리 윗부분의 1단 가운데에 코바늘을 넣고 빼뜨기한다.

9

뿌리와 연결한 후, 도안을 참고해 잎 2개를 모두 떠서 마무리한다.

40
✕ sponge ✕

아보카도 수세미 Photo ● p.059

READY

● **완성 크기** 8×10cm
● **실** 진갈색, 연노랑, 카키색
● **바늘** 모사용 코바늘 3/0호

● **기타** 돗바늘
● **도구와 기법** 78~101쪽 참조

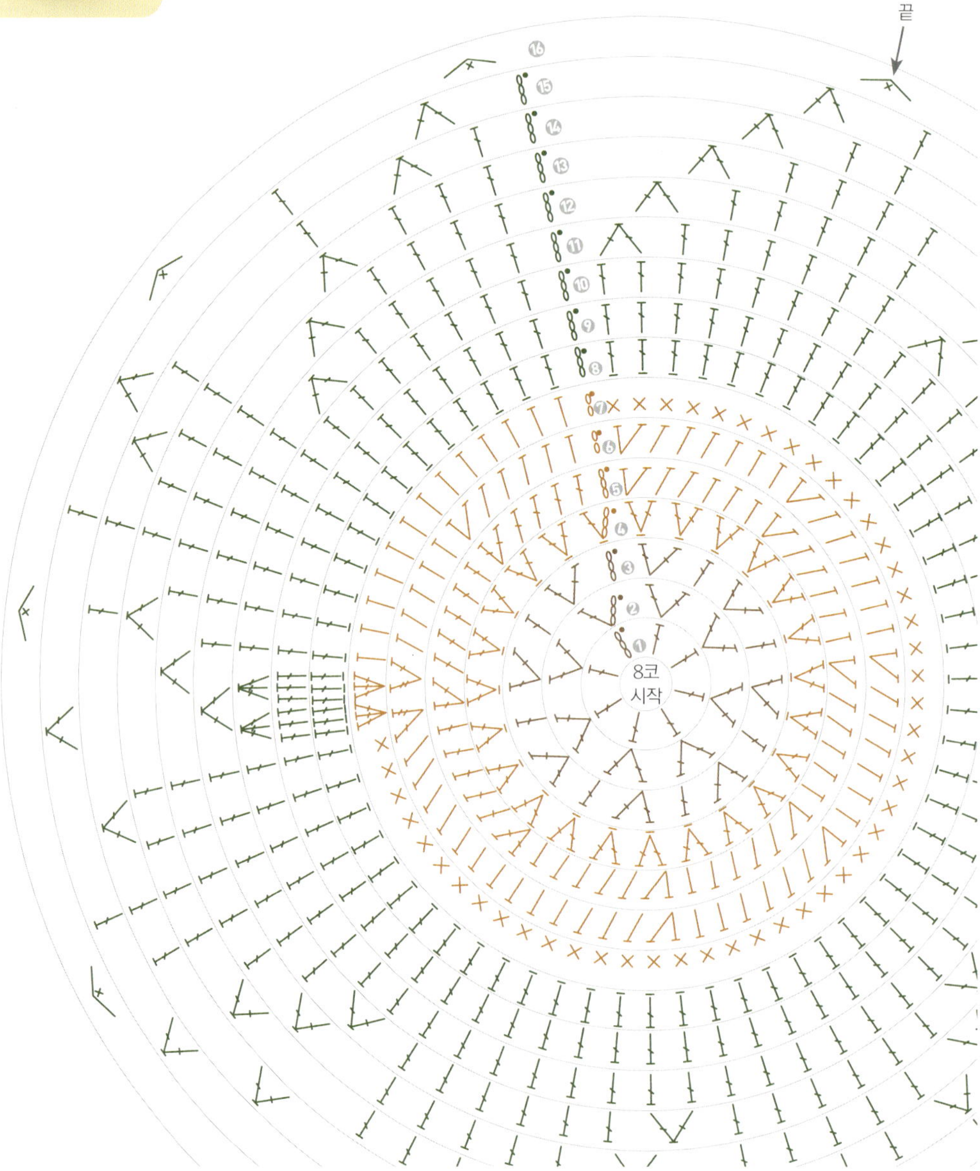

끝

⑯
⑮
⑭
⑬
⑫
⑪
⑩
⑨
⑧
⑦
⑥
⑤
④
③
②
①

8코
시작

단수	1	2	3	4	5	6	7	8~9	10	11	12	13	14	15	16
콧수	8	16	24	48	56	64	68	68	64	56	48	40	30	20	10

1

매직링을 만들고, 기둥코(사슬뜨기 3코)와 한 길긴뜨기 7코로 1단을 시작해서 3단까지 뜬 다. 이때 다른 색 실로 바꾸기 위해 빼뜨기는 하지 않고 둔다.

2

3단의 기둥코 중 3번째 코에 코바늘을 넣고, 연 노란색 실을 걸어온다.

3

연 노란색 실을 코바늘에 걸린 2개의 고리 사 이로 빼낸다. (3단 마지막 빼뜨기)

4

4단의 기둥코(사슬뜨기 3코)를 뜬다.

5

도안을 참조해 7단까지 뜨는데, 다른 색 실로 바꾸기 위해 빼뜨기는 하지 않고 둔다.

6

7단의 기둥코 중 3번째 코 에 코바늘을 넣고, 카키색 실을 걸어와 빼뜨기한다.

7

8단 기둥코(사슬뜨기 3코)를 뜬다.

8

이어서 사슬코 뒷산에 코 바늘을 넣는다.

9

한길긴뜨기 이랑뜨기를 뜬다. 도안대로 끝까 지 떠서 마무리한다.

41
sponge

망고스틴 수세미 Photo ● p.060

READY

- **완성 크기** 지름 10cm
- **실** 미색, 빨간색, 보라색
- **바늘** 모사용 코바늘 3/0호
- **기타** 돗바늘
- **도구와 기법** 78~101쪽 참조

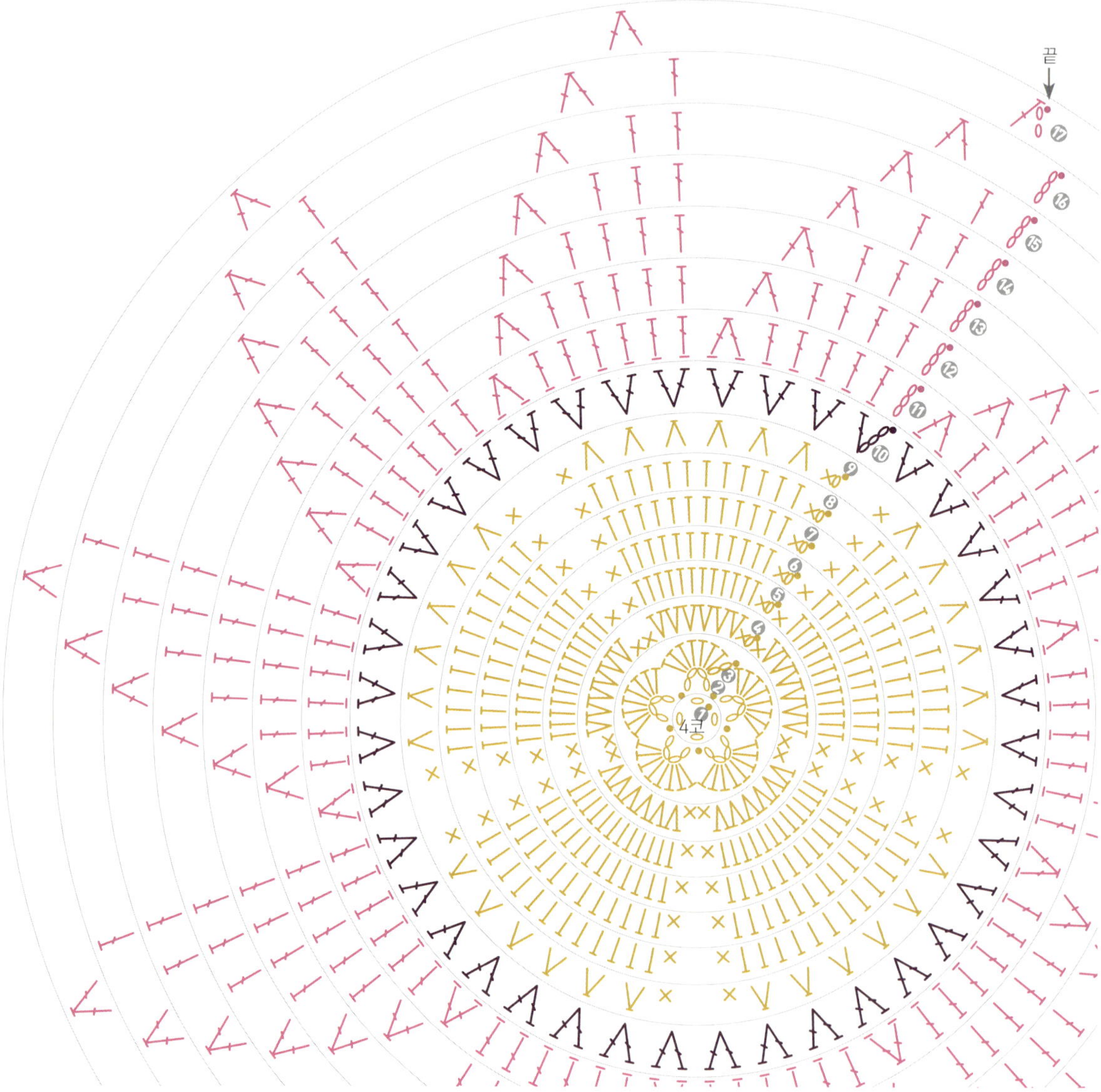

끝

단수	1	2	3	4	5~8	9	10	11	12	13	14	15	16	17
콧수	4	20	40	60	60	40	80	70	60	50	40	30	20	10

1

사슬뜨기 4코를 뜨고 빼뜨기로 원형을 만들어서 시작한다. 1단부터 9단까지 뜬 후, 빨간색 실로 바꿔서 10단을 뜬다.

2

10단을 시작할 때 만들었던 기둥코(사슬뜨기 3코) 중 3번째 코에 코바늘을 넣는다.

3

보라색 실을 걸어온다.

4

코바늘에 걸려있는 2개의 고리 안으로 빼낸다(10단 마지막 빼뜨기).

5

11단의 기둥코(사슬뜨기 3코)를 만든다.

6

이어서 뒤쪽 사슬 반코에 11단을 뜨기 시작한다.

7

뒤쪽 사슬코 반코에 코바늘을 넣는다.

8

한길긴뜨기 이랑뜨기를 1코 뜬 모습.

9

도안대로 끝까지 떠서 마무리한 후, 볼록한 알맹이 부분 사이사이를 빨간색 실로 수놓는다.
(수놓는 방법 163쪽 참조)

악어 수세미 Photo ● p.062

READY

● **완성 크기** 10×11cm

● **실** 연두색, 흰색/스티치용 검은색

● **바늘** 모사용 코바늘 3/0호

● **기타** 돗바늘

● **도구와 기법** 78~101쪽 참조

얼굴&머리

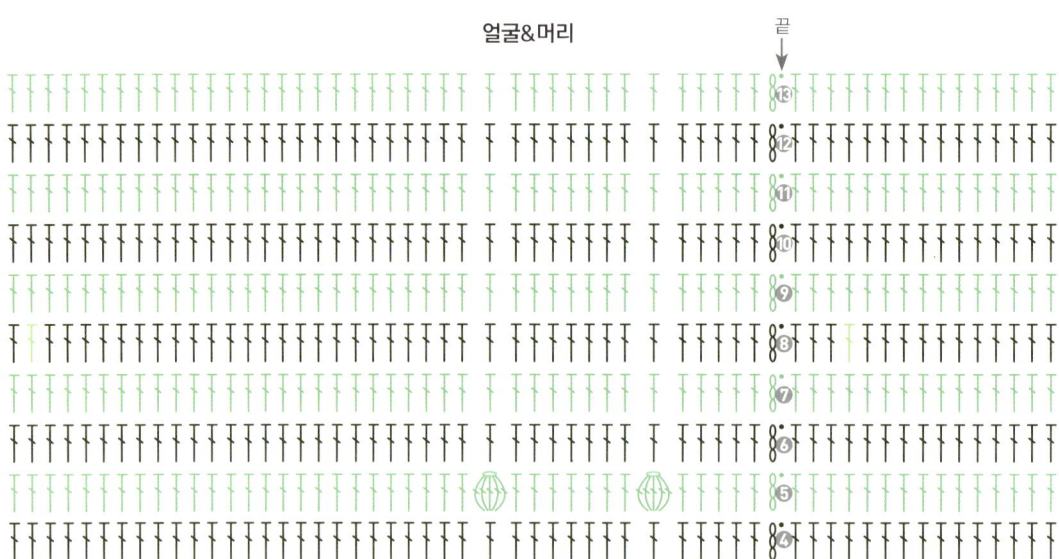

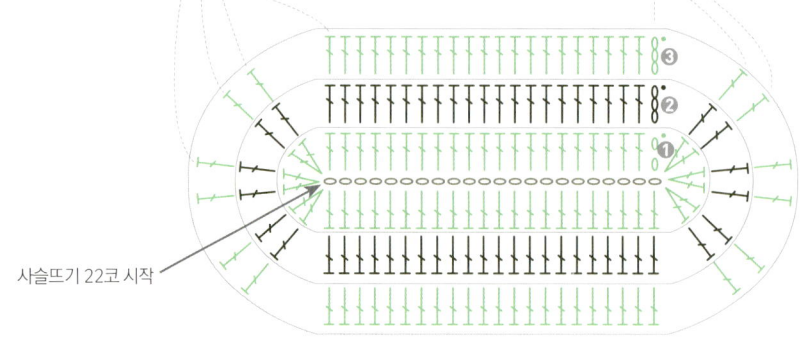

사슬뜨기 22코 시작

단수	콧수
1~13	56

눈(2장)

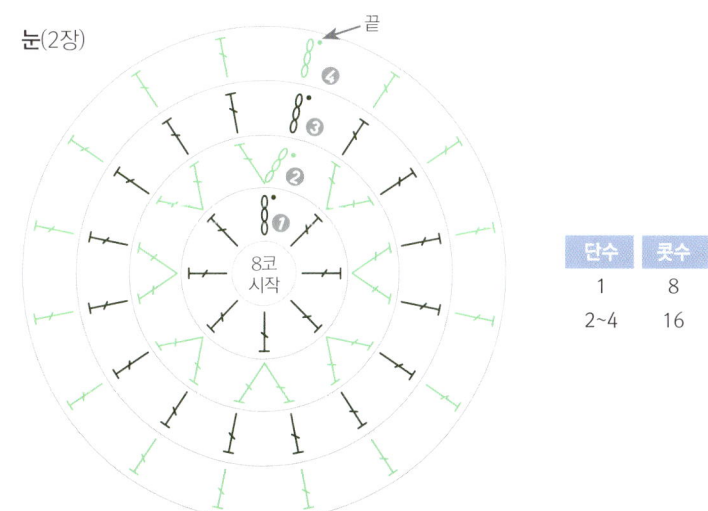

단수	콧수
1	8
2~4	16

턱

단수	콧수
1~11	56

사슬뜨기 22코 시작

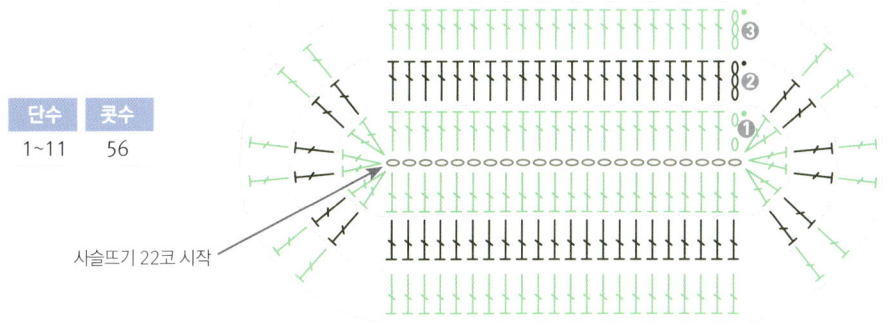

이빨

×입 안쪽에 연결해서 뜬다

1

도안을 참고해 얼굴&머리와 턱을 뜨는데, 얼굴&머리는 실을 자른 후 정리하고 턱은 30cm 정도 남기고 잘라 준비한다.

2

입안

남겨놓은 실에 돗바늘을 꿴 후, 사진처럼 돗바늘을 아래에서 위쪽으로 통과시킨다.

3

입안

다음 코도 과정 2와 똑같이 돗바늘을 통과시키며 끝까지 감침질한다.

4

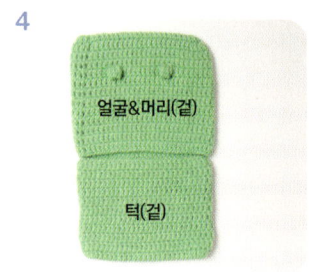

얼굴&머리(겉)

턱(겉)

남은 실을 편물 안쪽으로 숨긴 후 편물을 뒤집은 상태.

5

눈 도안을 참고해 2개를 뜬다.

6

눈을 뜨고 남은 실을 돗바늘에 꿴 후, 사진처럼 돗바늘을 넣고 빼낸다.

7

이어서 처음 바늘을 넣었던 반대편에서 돗바늘을 넣고 빼낸다.

8

마지막 코까지 모두 꿰맨 모습.

9

얼굴&머리의 마지막 단(13단)에 눈 2개를 중앙에 놓는다. 사진처럼 얼굴&머리에 돗바늘을 넣는다.

10

이번에는 눈 부분에서 돗바늘을 넣고 빼낸다. 과정 9~10을 반복하며 오른쪽에서 왼쪽 방향으로 일자로 꿰맨다.

11

한쪽 눈을 모두 꿰맨 모습.

12

반대쪽 눈까지 모두 꿰맨 후, 검은색 실로 사진처럼 눈 모양을 수놓는다.
(수놓는 법 199쪽 참조)

13

입 안쪽 이빨 모양을 뜰 부분에 수성펜으로 라인을 그린다.

14

흰색 실을 걸어온다.

15

흰색 실을 위로 끌어올린다.

16

다음 코부터 이빨 도안을 참고해서 라인을 그려 놓은 부분을 전부 뜬다.

17

이빨을 모두 뜬 모습.

18

완성 후 옆모습.

돼지 수세미 **Photo ● p.064**

READY

● **완성 크기** 10×12cm

● **실** 분홍색, 살구색/스티치용 검은색

● **바늘** 모사용 코바늘 3/0호

● **기타** 돗바늘

● **도구와 기법** 78~101쪽 참조

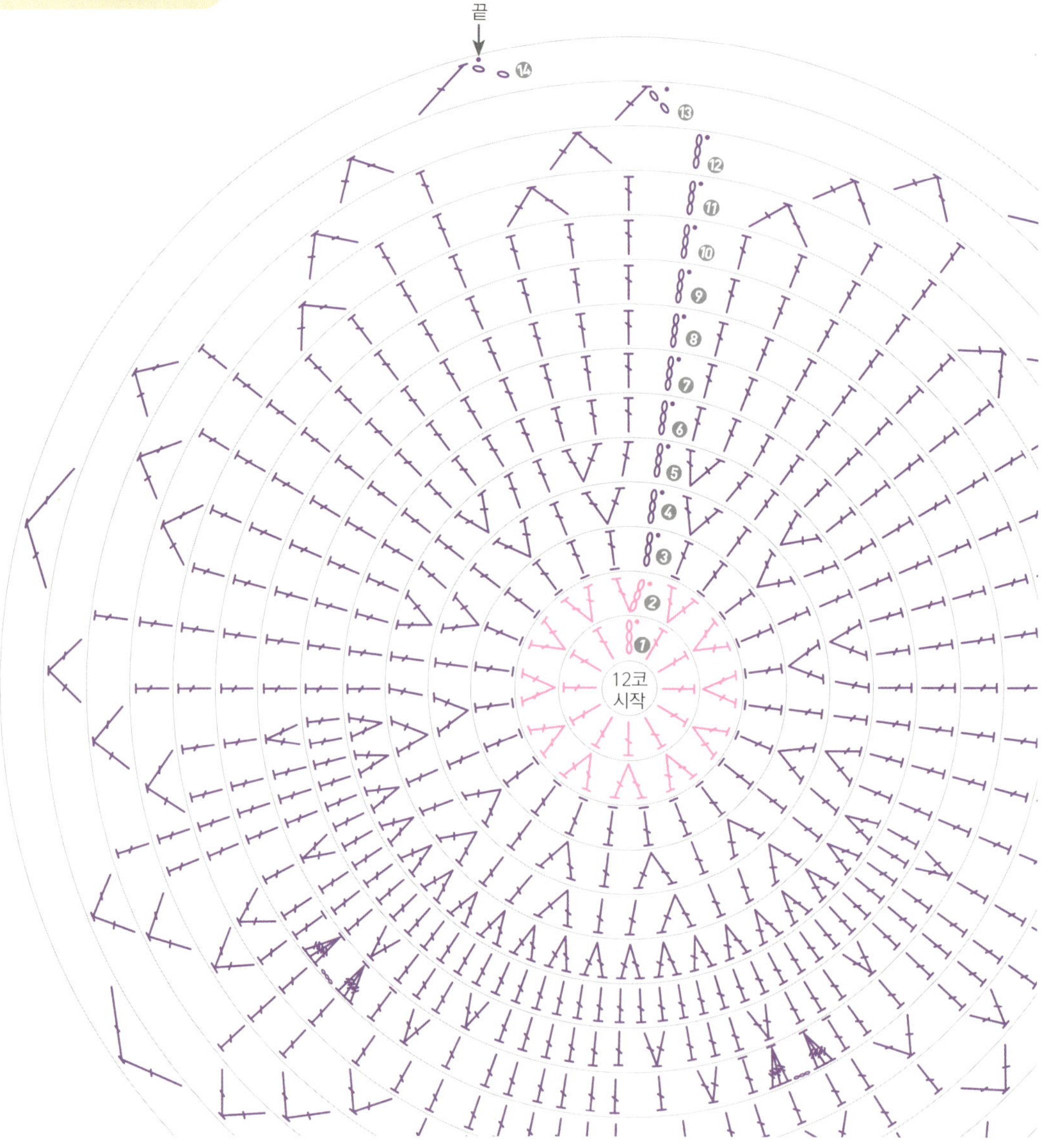

끝

12코
시작

단수	1	2	3	4	5	6	7	8	9	10	11	12	13	14
콧수	12	24	24	36	48	68	68	60	66	56	42	28	14	7

1

매직링을 만들고, 기둥코(사슬뜨기 3코)와 한 길긴뜨기 11코로 1단을 시작해서 2단까지 뜬다. 이때, 다른 색 실을 연결하기 위해 마지막 빼뜨기는 하지 않고 둔다.

2

2단의 기둥코(사슬뜨기 3코) 중에 세 번째 코에 살구색 실을 걸어와 빼뜨기한다.

3

도안을 참고해 8단의 21번째 코의 앞쪽 사슬 반코에 한길긴뜨기 이랑뜨기 1코, 22번째 코에 두길긴뜨기 이랑뜨기 3코를 뜬다.

4

사슬뜨기 3코를 뜬 후, 23번째 코의 앞쪽 사슬 반코에 두길긴뜨기 이랑뜨기 3코, 24번째 코에 한길긴뜨기 이랑뜨기 1코를 연달아 뜨면 돼지 한쪽 귀가 완성된다.

5

한쪽 귀를 뜨고 난 후 안쪽 모습. 다른 쪽 귀도 도안을 참고해서 뜬다.

6

9단에서 만든 귀 부분을 앞쪽으로 젖히면 이랑뜨기를 뜨고 남은 뒤쪽 사슬 반코가 보인다.

7

도안을 참고해 귀 부분과 겹치는 10단의 일부분은 뒤쪽 사슬 반코에 걸어서 뜬다.

8

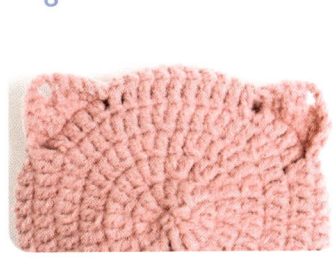

14단 끝까지 뜬 뒷모습.

9

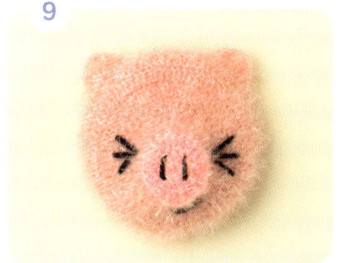

눈과 코를 검은색 실로 수놓아 완성한다.(수놓는 법 199쪽 참조)

돌고래 수세미 Photo ● p.066

READY

- **완성 크기** 10×15cm
- **실** 하늘색, 검은색/스티치용 검은색
- **바늘** 모사용 코바늘 3/0호
- **기타** 돗바늘
- **도구와 기법** 78~101쪽 참조

몸판

단수	콧수
1	8
2	10
3	12
4	20
5	32
6~9	36
양옆 지느러미	7코씩
10~18	40
19	32
20	32
21	24
22	24
23	16
24	16
25	8
26	16
27	32
28	40

등지느러미

단수	콧수
1	6
2	12
3	18

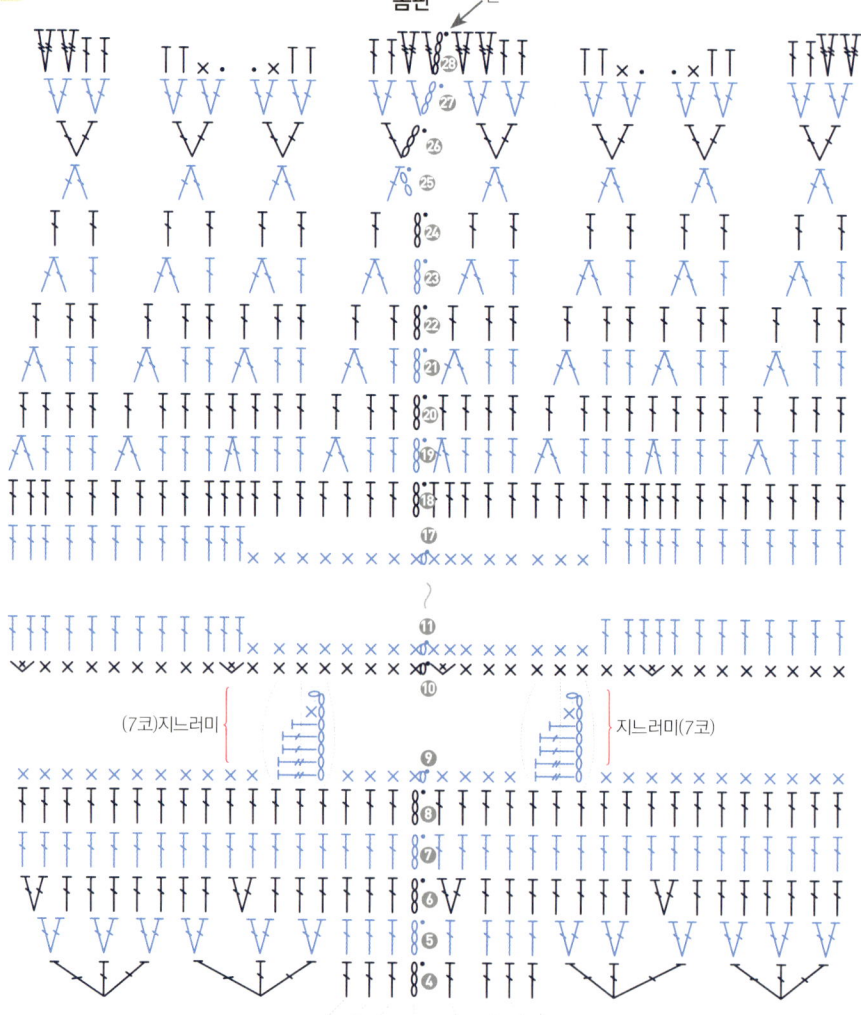

몸판 끝

(7코)지느러미 　지느러미(7코)

등지느러미 끝

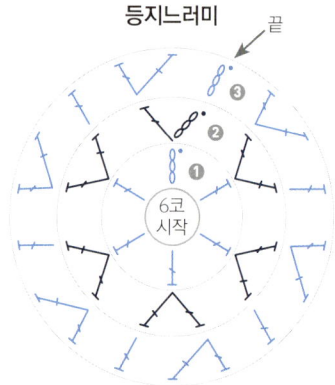

6코 시작

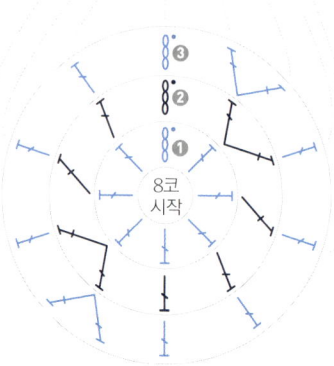

8코 시작

1

매직링을 만들고, 기둥고(사슬뜨기 3코)와 한 길긴뜨기 7코로 1단을 시작해서 8단까지 뜬다. 9단의 짧은뜨기 4코까지 뜬다.

2

사슬뜨기 7코와 기둥코(사슬뜨기 1코)를 뜬다.

3

기둥코 1코를 빼고 2번째 코부터 도안을 참고해 지느러미를 뜬다. 다음 3코는 건너 뛴 후 4번째 코부터 떠서 9단을 마무리한다. 이때, 뜨지 않은 3코는 사진과 같이 뚫려 있게 된다.

4

10단의 짧은뜨기 4코를 뜬 후, 9단에서 뜨지 않았던 3코에 짧은뜨기 3코를 이어서 뜬다.

5

도안을 참고해 28단까지 뜨면 사진과 같이 꼬리 안쪽으로 구멍이 뚫려있게 된다.

6

대칭이 되도록 접은 후 감침질로 꼬리부분을 꿰매서 막는다.

7

도안을 참고해 등지느러미를 뜬 후, 돌고래의 등 부분 가운데에 꿰매 붙인다.

8

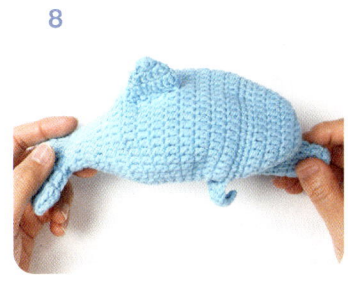

등지느러미를 끝까지 꿰맨 모습.

9

검은색 실로 눈과 입을 사진처럼 수놓는다.
(수놓는 법 199쪽 참조)

고양이 수세미 Photo ● p.068

READY

- **완성 크기** 12×10cm
- **실** 흰색, 황토색, 검은색, 분홍색/스티치용 검은색
- **바늘** 모사용 코바늘 3/0호
- **기타** 돗바늘
- **도구와 기법** 78~101쪽 참조

× HOW TO MAKE ×

1

사슬뜨기 59코와 기둥코(사슬뜨기 3코)를 뜬 후 한길긴뜨기 59코를 떠서 1단을 만든다. 원통이 되도록 기둥코의 세 번째 코에 빼뜨기 후, 색이 바뀌는 부분에 유의하며 7단까지 뜬다. 황토색 실은 약 30cm 정도 남기고 자른다.

2

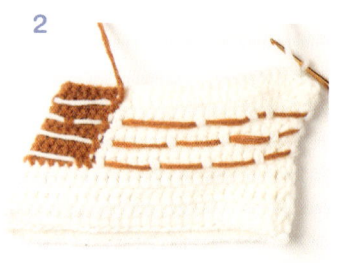

7단까지 뜬 후 안쪽 모습. 실 색을 바꾼 후 중간 중간 실을 한 땀씩 잡아서 뜬다.

3

과정 1에서 남겨 놓은 실을 돗바늘에 꿴 후, 사진처럼 황토색 사슬코 사이로 통과시킨다.

4

사진과 같이 다음 코도 앞쪽에서 뒤쪽으로 통과시키며 감침질한다.

5

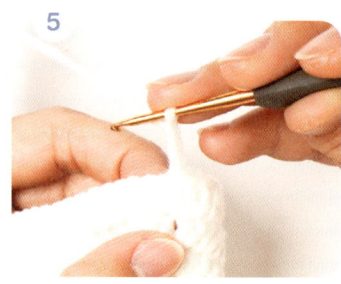

8단의 기둥코(사슬뜨기 3코)를 만든다.

6

황토색 실 바로 전의 코까지 21코의 한길긴뜨기를 뜬다.

7

편물을 돌리고 다음의 흰색 코로 코바늘을 넣어 8단의 끝까지 뜬다. 나머지도 도안을 참고해 원통형으로 돌려가며 뜬다.

8

8단까지 뜬 모습.

9

도안대로 끝까지 뜬 후 눈과 코를 수놓아 마무리한다. 손을 끼워서 사용할 수 있다.(수놓는 법 199쪽 참조)

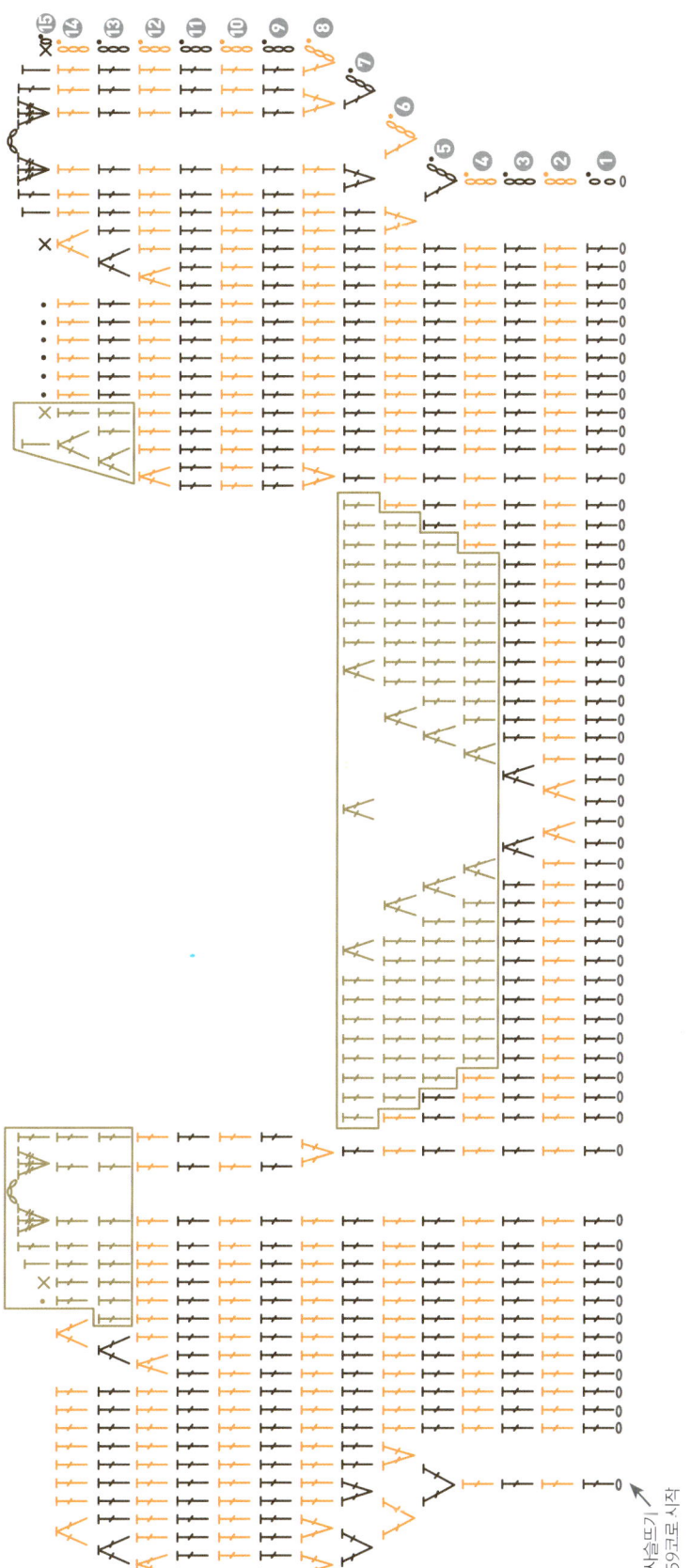

단수	콧수
1	60
2	58
3	56
4	54
5	54
6	56
7	57
등부분 정리 후, 목에서 얼굴 원형으로 뜨기	
8	44
9~11	44
12	40
13	36
14	32
15	31

사슬뜨기
59코로 시작

오징어 수세미 Photo ● p.069

READY

- **완성 크기** 9×17cm
- **실** 파란색/스티치용 검은색
- **바늘** 모사용 코바늘 3/0호
- **기타** 돗바늘
- **도구와 기법** 78~101쪽 참조

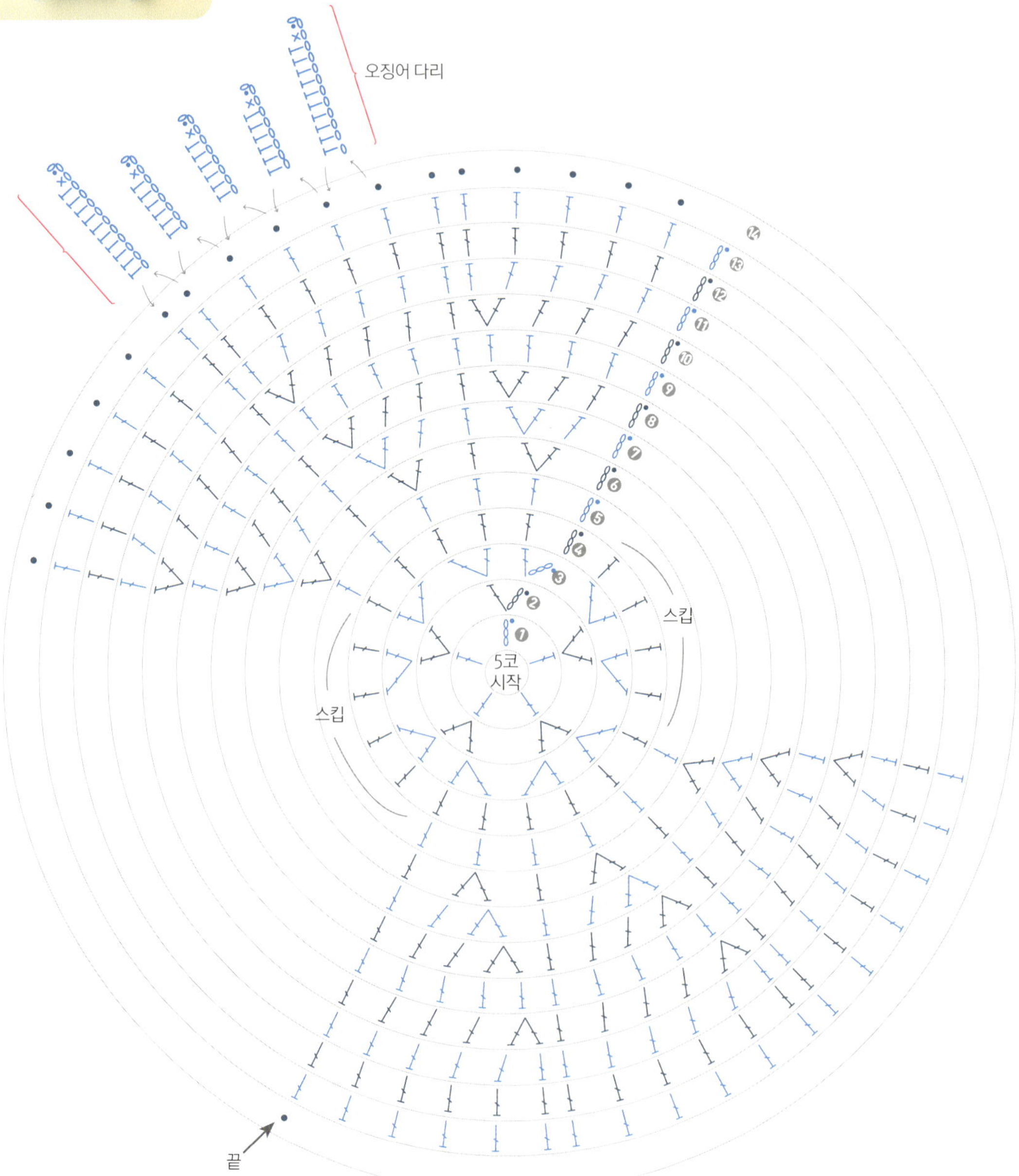

오징어 다리

14
13
12
11
10
9
8
7
6
5
4
3
2
①
5코 시작
스킵
스킵
끝

단수	1	2	3	4	5	6	7	8	9	10~13	14
콧수	5	10	20	20	12	18	24	30	30	36	빼뜨기하면서 다리 만들기

1

매직링을 민들고, 기둥고(시슬뜨기 3코)와 한길 긴뜨기 4코로 1단을 시작해서 4단까지 뜬다.

2

5단을 시작하며 기둥코(사슬뜨기 3코)를 뜬다.

3

한길긴뜨기 5코를 뜬 후, 4단의 4코는 건너 뛰고 5번째 코에 한길긴뜨기 1코를 뜬다.

4

도안을 참고해 한길긴뜨기 5코를 더 뜬다.

5

반대쪽으로 편물을 돌리고, 5단 시작 지점에 서 빼뜨기를 해 5단을 완성한다.

6

13단까지 도안대로 뜬다.

7

14단에서 빼뜨기 7코를 뜬 후, 오징어 다리 를 만들기 위해 사슬뜨기 12코와 기둥코(사슬 뜨기 1코)를 만든다.

8

기둥코 1코를 빼고 2번째 코부터 앞쪽 사슬 반코에 코바늘을 넣어 도안대로 다리를 뜬다.

9

도안을 참고해 나머지 다리 4개를 더 떠서 마 무리하고, 검은색 실로 눈과 입을 수놓아 완 성한다. (수놓는 방법은 199쪽 참조).

플라밍고 수세미 Photo ● p.070

READY

- **완성 크기** 10×14cm
- **실** 분홍색, 검은색, 흰색/스티치용 검은색
- **바늘** 모사용 코바늘 3/0호
- **기타** 돗바늘
- **도구와 기법** 78~101쪽 참조

목&몸통

단수	콧수
1	10
2	20
3~5	30
6~15	16
16	20
17	28
18~22	44
23	40
24	35
25	30
26	25
27	20
28	15
29	10

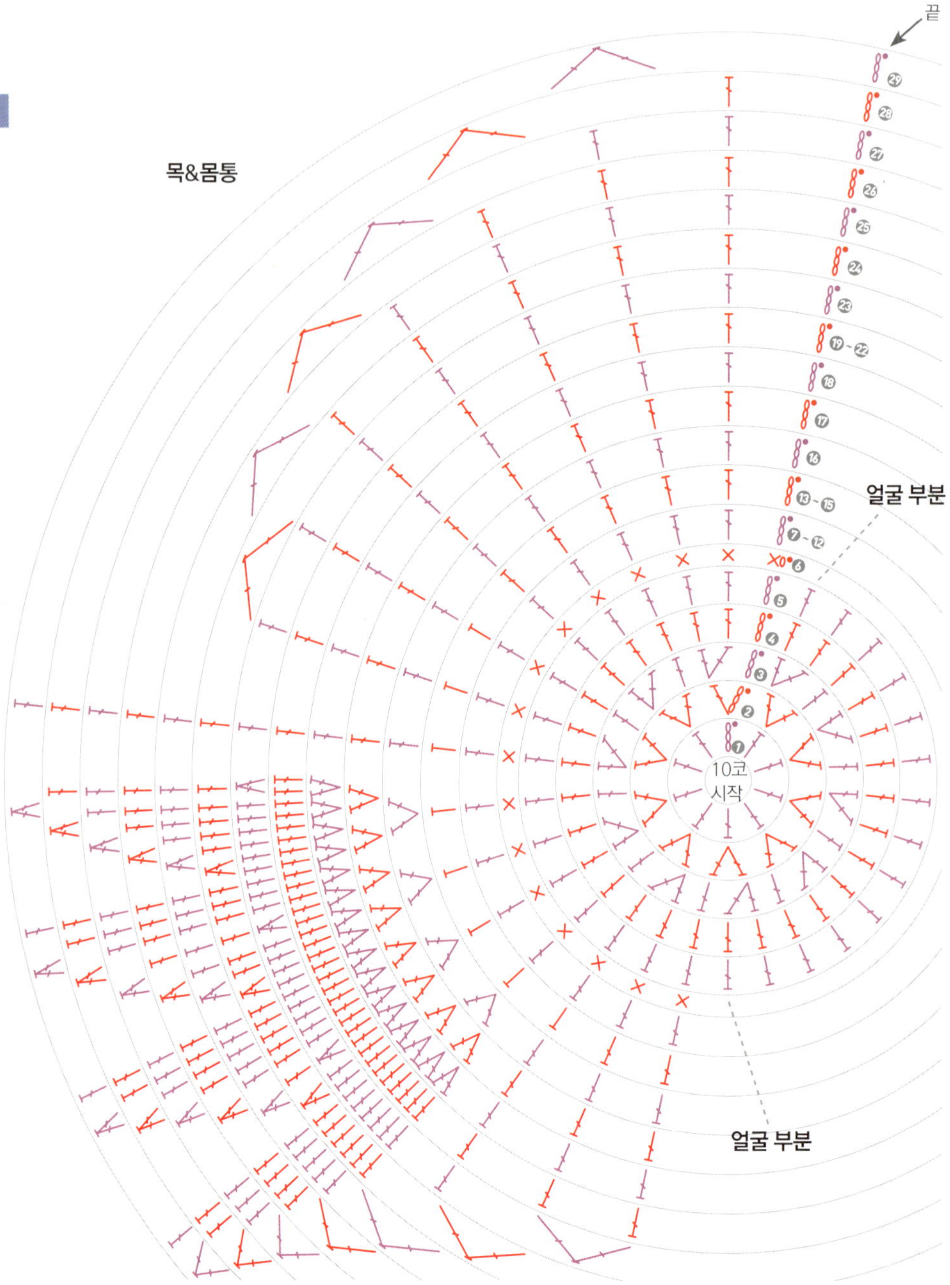

목&몸통

끝

얼굴 부분

10코
시작

얼굴 부분

1

매직링을 만들고, 기둥코(사슬뜨기 3코)와 한길
긴뜨기 9코로 1단을 시작해서 5단까지 뜬다.

2

6단의 기둥코(사슬뜨기 1코)와 짧은뜨기 16코
를 뜬다.

3

편물을 반대로 돌려 사진과 같이 편물을 잡
는다.

4

6단의 기둥코에 빼뜨기한다. 목과 얼굴 부분
을 나눈 모습.

5

7단 목 부분을 원통으로 뜬다.

6

도안을 참고해 몸통 끝까지 뜬다.

7

돗바늘로 남은 코를 모두 통과시킨 후 실을
잡아당긴다.

8

사진처럼 편물을 놓고, 코바늘이 가리킨 곳에
코바늘을 넣어 얼굴을 뜬다.

9

얼굴 도안대로 색을 바꾸며 끝까지 뜬 후 꼬
리부분과 동일하게 오므리고, 눈을 수놓아서
마무리한다.(수놓는 법 199쪽 참조)

얼굴 부분

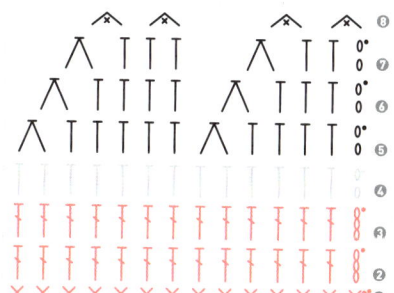

얼굴 부분

단수	콧수
5단에 연결해서 뜬다	
1~4	14
5	12
6	10
7	8
8	4

 (정보에 표시된 라벨)

48
sponge

스마일 수세미 Photo ● p.072

READY

- **완성 크기** 지름 10cm
- **실** 노란색, 분홍색, 연두색, 하늘색, 보라색
  /스티치용 검은색
- **바늘** 모사용 코바늘 3/0호
- **기타** 돗바늘
- **도구와 기법** 78~101쪽 참조

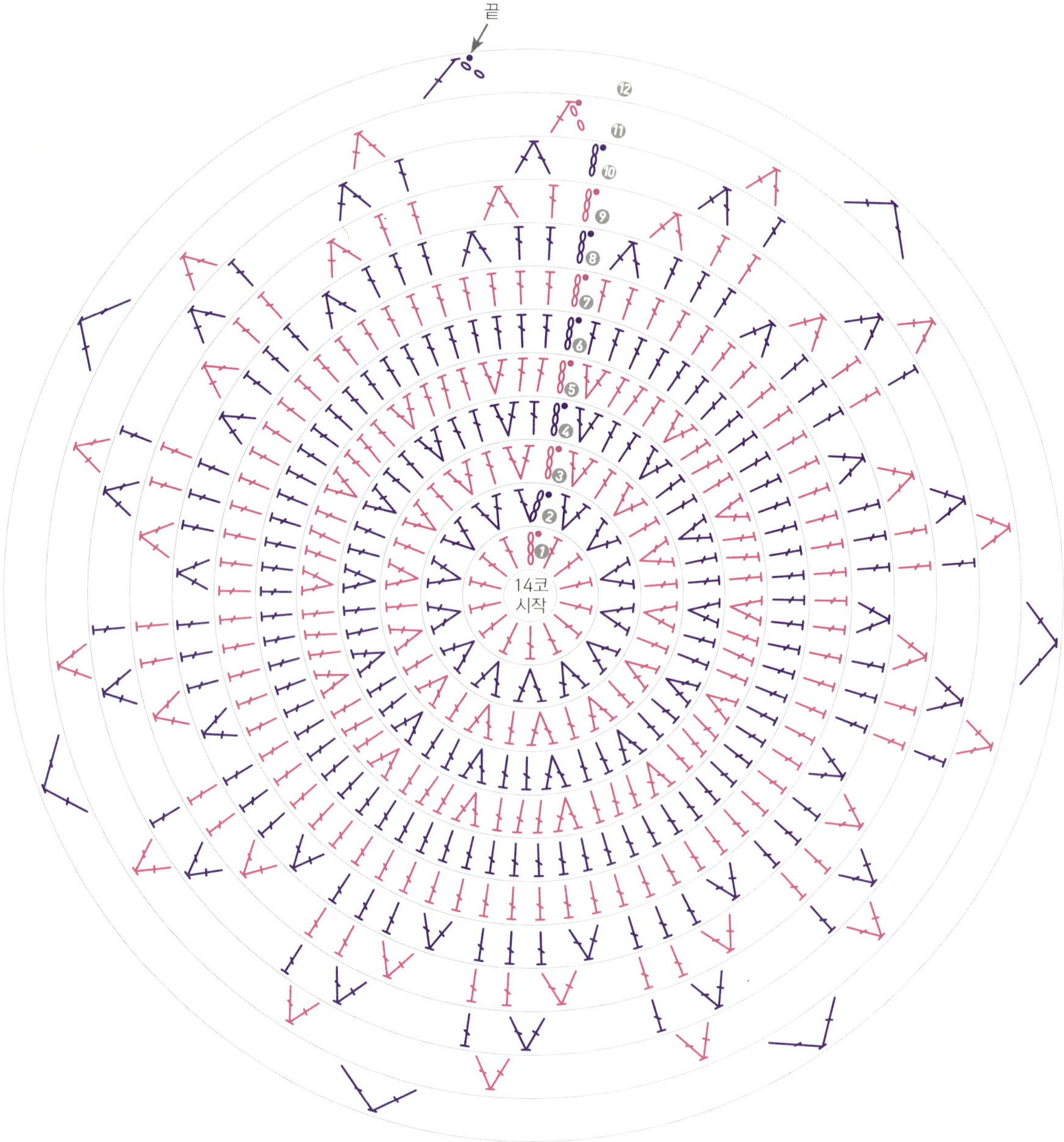

끝

⑫
⑪
⑩
⑨
⑧
⑦
⑥
⑤
④
③
②
①

14코
시작

단수	1	2	3	4	5~7	8	9	10	11	12
콧수	14	28	42	56	70	56	42	28	14	7

1

매직링을 만들고, 기둥코(사슬뜨기 3코)와 한 길긴뜨기 13코로 1단을 시작한다. 도안을 참고해 12단까지 뜬 후, 오므려서 마무리한다. 이때, 검은색 실을 돗바늘에 꿴 후, 끝을 매듭지어 준비한다.

2

다른 코에서 수놓을 곳으로 돗바늘을 빼낸다. 이때, 사진처럼 수성펜으로 수놓을 자리를 표시해 놓으면 편리하다.

3

사진처럼 아래쪽에서 위쪽으로 돗바늘을 통과시킨다.

4

과정 3과 같은 방법으로 눈 부분을 채운 후, 반대쪽 눈의 가운데 부분으로 돗바늘을 통과시킨다.

5

사진처럼 가장 윗부분부터 수놓는다. 이때, 실이 들어가고 나오는 위치를 잘 생각하면서 수를 놓는다.

6

눈을 모두 수놓은 후, 입쪽으로 돗바늘을 통과시킨다.

7

수놓기 편하도록 편물을 돌려 잡은 후, 돗바늘을 빼낸 코에서 살짝 옆쪽으로 돗바늘을 넣으며 사진과 같이 위쪽으로 돗바늘을 빼낸다. 이때, 돗바늘의 아래쪽에 검은색 실이 놓이도록 한다.

8

실을 당기면 사진처럼 체인의 형태가 된다.

9

체인 안쪽으로 돗바늘을 넣으며 입 부분 끝까지 수놓는다. 이 기법을 레이지데이지스티치라고 한다.

 49
sponge

비숑 수세미 Photo ● p.074

READY

- **완성 크기** 12×11cm
- **실** 흰색, 분홍색/스티치용 검은색
- **바늘** 모사용 코바늘 3/0호

- **기타** 돗바늘
- **도구와 기법** 78~101쪽 참조

얼굴

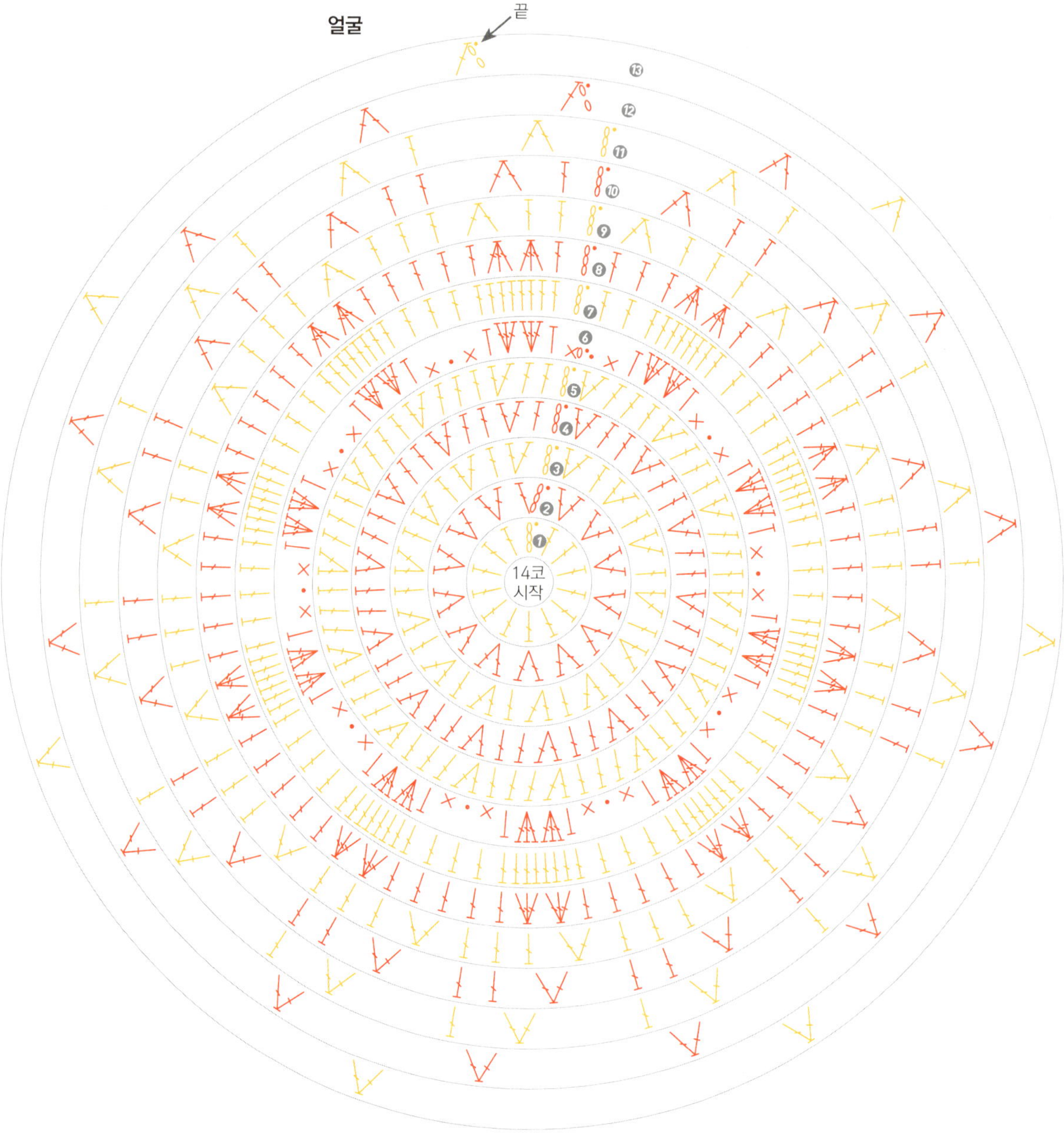

끝

14코
시작

단수	1	2	3	4	5	6	7	8	9	10	11	12	13
콧수	14	28	42	56	70	110	110	70	56	42	28	14	7

귀

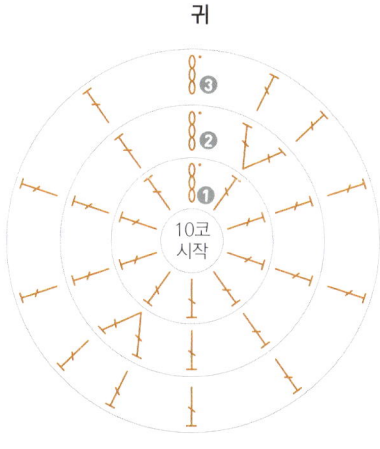

혓바닥

혓바닥

단수	콧수
1~2	8

귀

단수	콧수
1	10
2	12
3	12

HOW TO MAKE

1

매직링을 만들고, 기둥코(사슬뜨기 3코)와 한 길긴뜨기 13코로 1단을 시작해서 13단까지 얼굴을 뜬나.

2

도안을 참고해 귀와 혓바닥을 뜬 후, 30cm 정도 실을 남긴다.

3

과정 1에서 뜬 얼굴에 귀와 혓바닥을 꿰매 붙인 후, 눈과 코를 수놓아서 마무리한다. (수놓는 법 199쪽 참조)

유니콘 Photo ● p.075

READY

- **완성 크기** 10×12cm
- **실** 흰색, 분홍색, 노란색, 연두색, 하늘색, 보라색, 금색/스티치용 검은색
- **바늘** 모사용 코바늘 3/0호
- **기타** 돗바늘
- **도구와 기법** 78~101쪽 참조

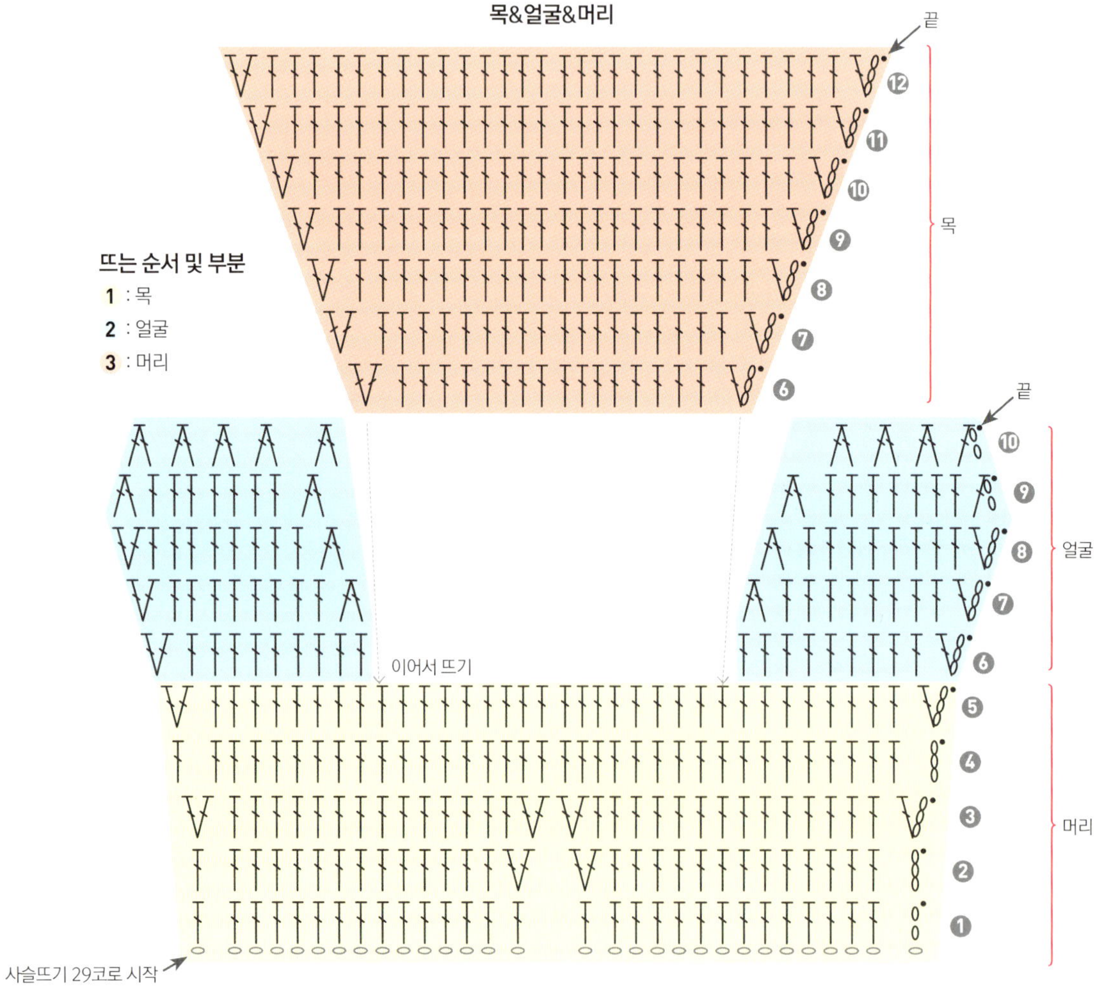

목&얼굴&머리

끝

⑫
⑪
⑩
⑨
⑧
⑦
⑥

목

뜨는 순서 및 부분

1 : 목

2 : 얼굴

3 : 머리

끝

⑩
⑨
⑧
⑦
⑥

얼굴

이어서 뜨기

⑤
④
③
②
①

머리

사슬뜨기 29코로 시작

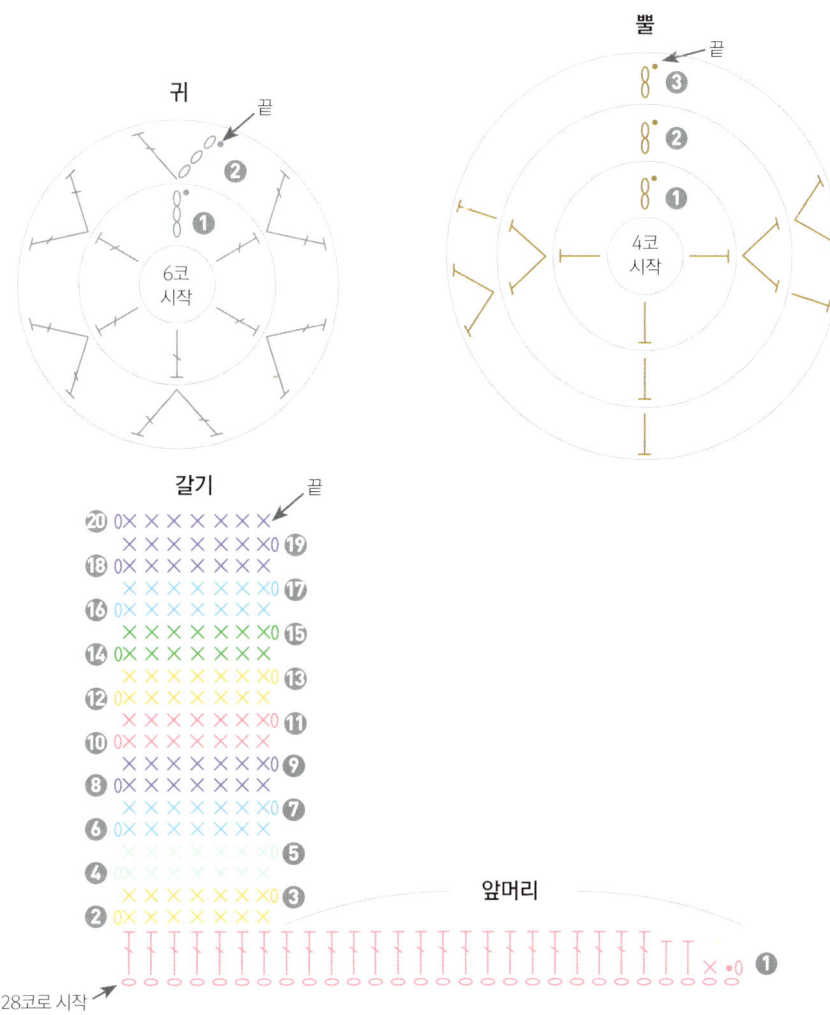

귀

뿔

갈기

앞머리

사슬뜨기 28코로 시작

머리&얼굴	
단수	콧수
1	30
2	32
3	36
4	36
5	38
목 부분과 분리해서 얼굴을 먼저 뜬다	
6	22
7	22
8	22
9	18
10	9

목	
단수	콧수
얼굴을 뜨고 남겨놓은 부분에 이어서 뜬다	
6	20
7	22
8	24
9	26
10	28
11	30
12	32

귀	
단수	콧수
1	6
2	12

뿔	
단수	콧수
1	4
2	6
3	8

갈기	
단수	콧수
1	28
2~20	7

HOW TO MAKE

1

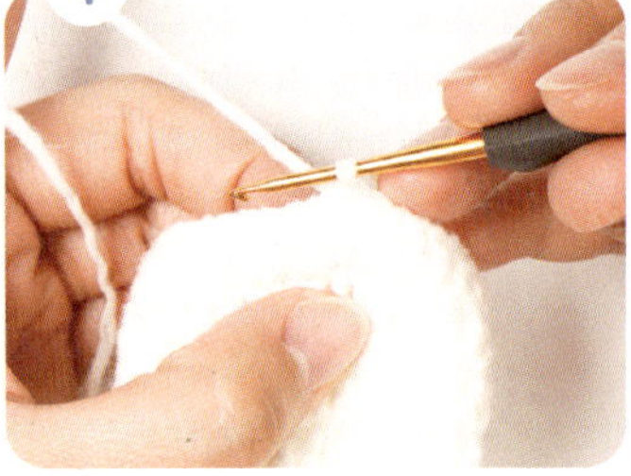

사슬뜨기 29코와 기둥코(사슬뜨기 3코)를 뜬 후, 한길긴뜨기 29코를 떠서 1단을 뜬다. 원통이 되도록 빼뜨기한 후, 도안대로 5단까지 뜬다.

2

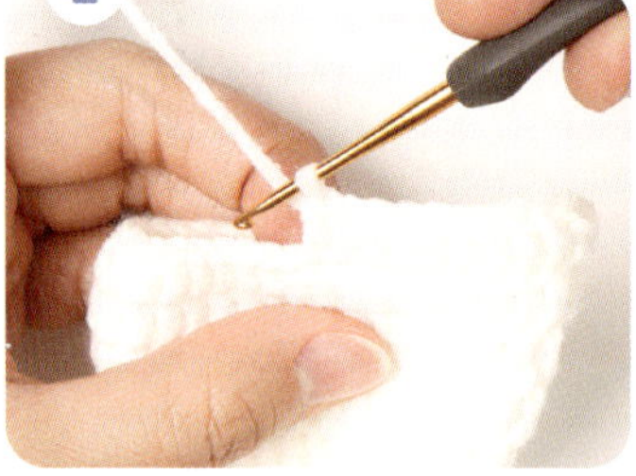

6단의 기둥코(사슬뜨기 3코)를 만든 후, 한길긴뜨기 10코를 뜬다.

3

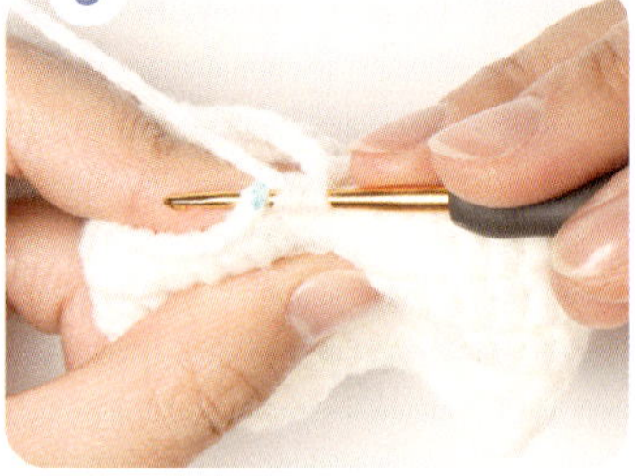

중간에 18코는 건너뛰고 남은 11코를 뜬다.

4

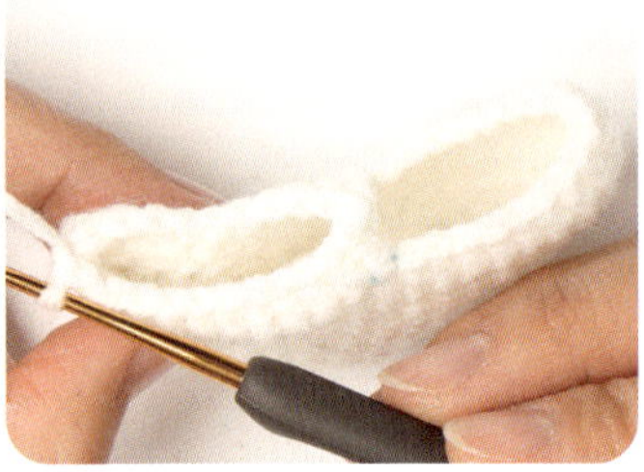

얼굴과 목을 따로 뜨기 위해 2개로 분리한 모습.

5

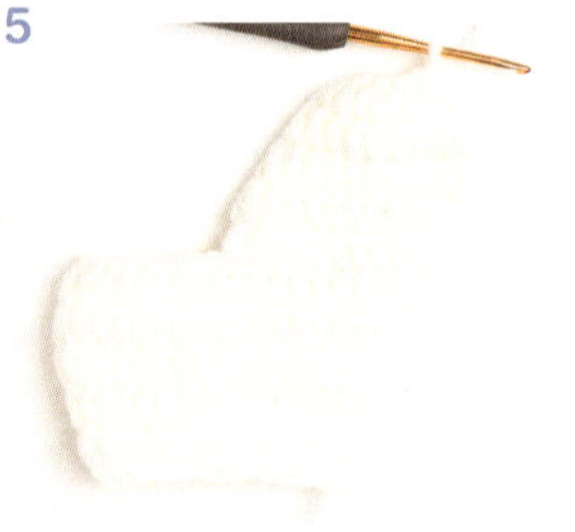

도안을 참고해 10단까지 뜬다. (얼굴 완성)

6

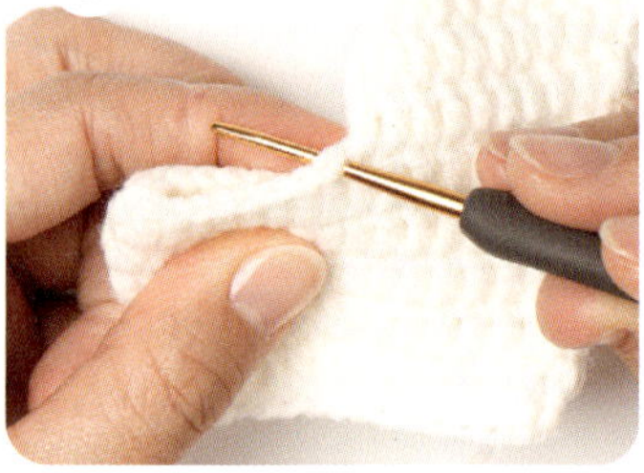

이번에는 목을 뜨는데, 얼굴을 뜰 때 중간에 건너뛴 18코에 연결해서 뜬다.

7

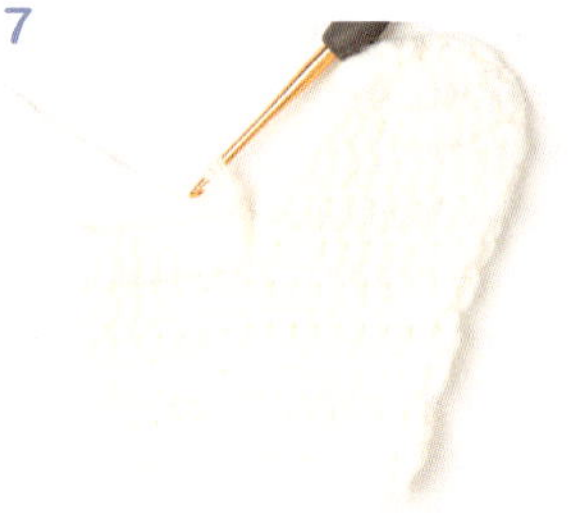

18코의 첫코에 새로운 실을 걸어와 목 도안을 참고해 12단까지 뜬다. 이때, 목 안쪽부터 뜬다.

8

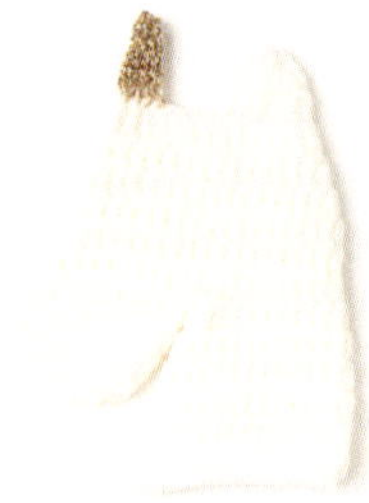

도안을 참고해 뿔과 귀를 뜬 후, 사진과 같은 자리에 꿰매 붙인다.

9

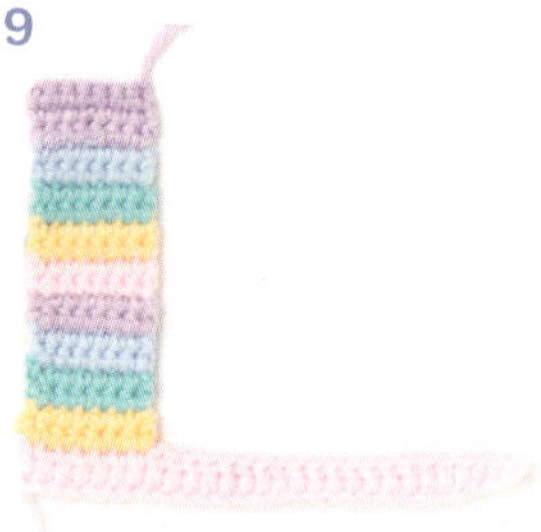

이어서 도안을 참고해 유니콘 갈기를 색을 바꿔가며 뜬다.

10

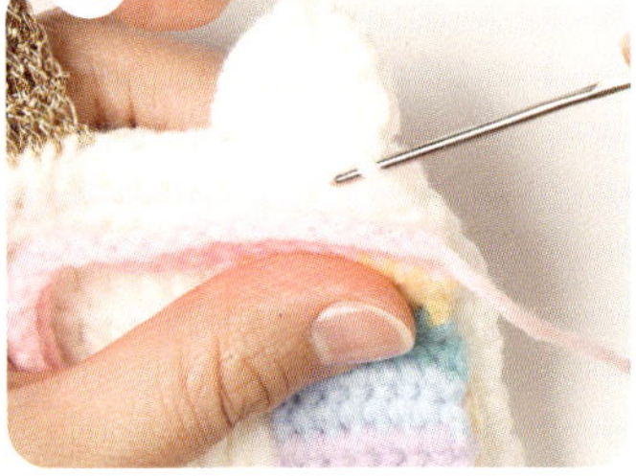

갈기를 유니콘 몸통에 잘 맞춰서 놓고, 귀 아래쪽부터 돗바늘로 꿰매 붙인다.

11

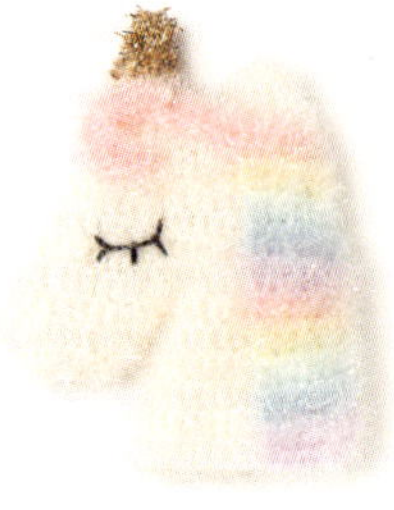

눈을 수놓아서 마무리한다.(수놓는 법 199쪽 참조)

12

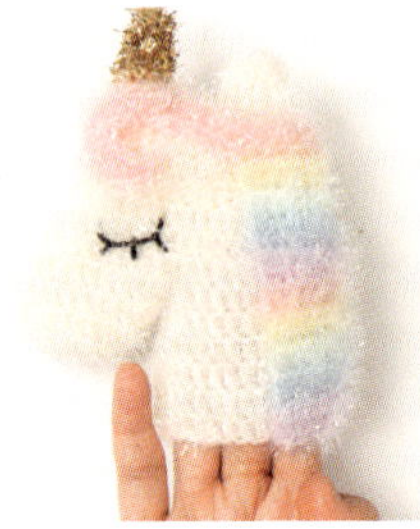

하단은 뚫려 있어서 손을 넣고 사용할 수 있다.